RÉUSSIR SES ÉTUDES EN FRANCE 留法就该这样学

编著 ［法］Armand CHANEL
　　　［法］Vincent PLAUCHU
翻译 ［法］Rui LUO
　　　赵晓芹

外语教学与研究出版社
北京

图书在版编目（CIP）数据

留法就该这样学：法、汉／（法）阿尔曼·沙内尔，（法）樊尚·普洛许编著；
（法）罗锐，赵晓芹译. —— 北京：外语教学与研究出版社，2018.12
ISBN 978-7-5213-0558-6

Ⅰ.①留… Ⅱ.①阿…②樊…③罗…④赵… Ⅲ.①留学教育－概况－法国－
法、汉 Ⅳ.①G649.565.8

中国版本图书馆 CIP 数据核字 (2018) 第 294346 号

出 版 人　徐建忠
项目策划　孟贤颖
责任编辑　孟贤颖
责任校对　赵　晴
装帧设计　锋尚设计
出版发行　外语教学与研究出版社
社　　址　北京市西三环北路 19 号（100089）
网　　址　http://www.fltrp.com
印　　刷　三河紫恒印装有限公司
开　　本　650×980　1/16
印　　张　15
版　　次　2018 年 12 月第 1 版 2018 年 12 月第 1 次印刷
书　　号　ISBN 978-7-5213-0558-6
定　　价　45.00 元

购书咨询：（010）88819926　电子邮箱：club@fltrp.com
外研书店：https://waiyants.tmall.com
凡印刷、装订质量问题，请联系我社印制部
联系电话：（010）61207896　电子邮箱：zhijian@fltrp.com
凡侵权、盗版书籍线索，请联系我社法律事务部
举报电话：（010）88817519　电子邮箱：banquan@fltrp.com
物料号：305580001

Remerciements

Nous tenons à remercier ici pour leurs précieux conseils éditoriaux :
Madame GAO Cuiping (高翠萍), enseignante à l'Université du Liaoning
Monsieur Thomas CHAUMONT, Directeur de l'Alliance française de Kunming
(Yunnan)

致谢

我们在此特别鸣谢以下人员对本书的建议：
高翠萍女士，辽宁大学教师
Thomas CHAUMONT 先生，云南昆明法语联盟校长

Sommaire

Première Partie

**Travailler efficacement :
les méthodes de travail universitaire**

目录

第一部分

高效学习：
法国大学学习方法

Deuxième Partie

**Bien passer ses examens :
l'organisation de l'évaluation des étudiants**

Troisième Partie

**Se mettre dans de bonnes conditions pour réussir :
quelques conseils pour la vie courante**

Préface

Il y a plusieurs dizaines milliers d'étudiants chinois en France, et il semble que le flux annuel soit plutôt en croissance constante.

Ce sont des étudiants motivés : ils sont généralement très désireux de découvrir la vie en France, le mode de vie, la culture française, et ne viennent donc pas seulement pour acquérir un diplôme.

La réussite au diplôme reste néanmoins extrêmement importante. En effet, l'investissement engagé est énorme : tout d'abord en Chine (acquisition de la langue française, dur travail pour être sélectionné pour venir en France, …), puis en France (approfondissement de la maîtrise de la langue – très souvent une année de cours de français, puis les études universitaires elles-mêmes, les difficultés de la vie en France, et le coût des années passées en France).

L'investissement pour les parents est donc énorme. Le travail pour les étudiants eux-mêmes est tout aussi énorme. Bref, l'échec pas envisageable.

L'objectif de ce livre : vous aider à réussir vos études en France

Une analyse des difficultés rencontrées par les étudiants chinois permet de dégager trois grandes sortes de difficultés :

▲ Les difficultés liées à une insuffisante maîtrise du français ;
▲ Les difficultés liées à la différence des méthodes de travail universitaire ;
▲ Les difficultés d'adaptation à la vie en France.

Les difficultés liées à la maîtrise du français ne sont pas abordées dans ce livre. Les étudiants ayant déjà un bon niveau de français lisent avec profit : PÉCHOUX M. et PLAUCHU V., *Maîtriser les difficultés du français pour réussir ses études de droit, économie, gestion*, Meylan, Éditions Campus Ouvert, 2016.

Le livre que vous avez entre les mains a justement pour objectif de répondre aux deux autres sortes de difficultés.

前言

　　在法留学的中国学生有数万名之多，并且这一数量每年还在持续增加。

　　这些学生动力十足：他们通常很愿意去体验法国的真实生活、了解法国的生活方式和法国文化，而不仅仅是为了获得一纸文凭。

　　然而拿到文凭仍然极为重要。事实上，这整个过程需要巨大的投入：首先是在国内（学习法语，为顺利赴法而努力……），然后是在法国（提升语言水平——通常情况下要读一年的语言课程，随后进入大学学习，还需面对在法生活方面的困难和留法期间的花费）。

　　因此，对于家长来说，支持孩子在法留学的成本相当高昂，而赴法留学对学生本人同样意味着巨大的付出。简而言之，绝不可空手而归。

本书主旨：帮助您顺利完成在法学业

　　通过分析中国学生遇到的困难，我们可将其分为三大类：

- ▲ 法语水平不足带来的困难；
- ▲ 大学学习方式差异带来的困难；
- ▲ 适应法国生活的过程中遇到的困难。

　　本书将不涉及法语学习方面的困难。法语水平较好的学生可以通过阅读《掌握法语难点，成功完成法律、经济和管理学业》[①]一书获益。

　　您手中的这本书则致力于助您应对另外两类困难。

[①] 本书原著为法语，具体信息如下：PÉCHOUX M. et PLAUCHU V., *Maîtriser les difficultés du français pour réussir ses études de droit, économie, gestion*, Meylan, Éditions Campus Ouvert, 2016。

Tout d'abord, nous présentons ici les principales méthodes du travail universitaire tel qu'il est organisé en France, et en particulier nous expliquons comment s'y prendre pour les principales activités que l'étudiant va devoir faire : prendre des notes, travailler une matière, rédiger une note de synthèse, effectuer un commentaire de texte ou un commentaire de données chiffrées, présenter un exposé oral… Tous ces conseils de méthodologie du travail universitaire constituent la première partie « **Travailler efficacement** ».

Ensuite nous présentons les modalités d'examens les plus fréquemment utilisées en France : l'examen oral et la dissertation écrite. Nous expliquons les règles les plus fréquentes d'organisation des examens et la délicate question du plagiat. Enfin nous expliquons le système de notation français. Toutes ces questions constituent la deuxième partie « **Bien passer ses examens** ».

Réussir son année nécessite aussi de mener une vie saine, équilibrée, de savoir s'organiser, de savoir gérer son temps et gérer son stress. D'ailleurs, l'étudiant peut être confronté à des difficultés liées à la vie en France : s'inscrire à l'université, ouvrir un compte bancaire, se loger, s'assurer, se soigner…Ces questions font l'objet de la troisième partie : « **Se mettre dans de bonnes conditions pour réussir** ».

Au total, l'étudiant chinois trouvera donc dans ce livre un grand nombre de conseils lui permettant de réussir ses études en France. Ces conseils sont destinés à la fois à l'étudiant qui, en Chine, se prépare à aller en France, et à l'étudiant qui vient d'arriver, qui s'installe et se heurte aux premières difficultés.

Puisse ce livre vous aider à réussir !

Bonnes études supérieures en France !

Armand Chanel et Vincent Plauchu
Grenoble, juillet 2017

首先，我们在此如实介绍法国大学学习的主要方法，尤其针对大学阶段的学习活动给出实操建议：做笔记、学好一门课程、做综述、写文字评论或数据评论、做口头陈述……所有这些大学学习方法论方面的建议构成了本书的第一部分"**高效学习**"。

其次，我们会介绍法国最常见的考试形式：口试和论文。我们会解释最常见的组织考试的规则以及敏感的抄袭问题。然后，我们会介绍法国的评分体系。这些问题构成了本书的第二部分"**顺利通过考试**"。

成功的留学生活需要保持健康、平衡的生活状态，懂得组织、安排时间，有效应对压力。此外，留学生还会碰到一些具体的生活问题：大学注册、银行开户、住宿、保险、医疗……这些问题构成了本书的第三部分"**为学业成功创造有利条件**"。

总的来说，中国学生可以在本书中找到一系列助其顺利完成法国学业的建议。这些建议既适用于还在中国、准备前往法国的学生，也适用于刚刚在法国安顿下来、初遇困难的学生。

希望这本书可以帮助你留学成功！

祝留法学习愉快！

Armand Chanel 与 *Vincent Plauchu*
2017年7月于法国格勒诺布尔

Comment utiliser ce livre

Ce livre peut être lu de trois manières :

▲ Soit de bout en bout, en commençant par le début et en finissant par la fin. C'est le mode de lecture qui convient à l'étudiant chinois dans les mois qui précèdent son départ en France, ou pendant l'année de cours de français en France. En lisant tout le livre, il aura une vision panoramique de sa future année en France.

▲ Soit telle ou telle partie : par exemple l'étudiant chinois qui arrive en France lira (dans l'avion) la partie sur la vie en France, ou l'étudiant qui commence son année universitaire lira la partie sur les méthodes de travail universitaires. En lisant tout une partie, il aura la garantie de ne pas passer à côté d'un point essentiel.

▲ Soit au cours de ses études en France, en lisant telle ou telle fiche au gré de ses besoins, en « picorant », c'est-à-dire en allant directement, à partir du sommaire, vers telle ou telle fiche précise correspondant à une difficulté concrète et immédiate qui se présente à lui, dans le but de trouver une réponse précise rapidement.

Un énorme effort de concision a été nécessaire pour rédiger ce livre : en fait, sur la plupart des grands thèmes abordés, il existe ailleurs un livre entier qui lui est consacré. Ainsi, la méthodologie de la dissertation économique est développée dans plusieurs livres. On ne citera ici que : VALLET G., *Réussir la dissertation en Sciences économiques et en Sociologie*, Éditions Ellipses, Paris, 2016, 264 p.

La conséquence de cette concision est que ce livre, sur plusieurs points, ne fournit qu'un début de réponse, et… une invitation à approfondir !

Précisons également que ce livre est rédigé dans une optique résolument pédagogique et pragmatique, et que nous avons évité tous les développements théoriques qui auraient pu être intéressants mais auraient alourdi inutilement le texte.

本书使用指南

阅读本书可采取以下三种方式：

▲ 从头读到尾。这种阅读方式适合那些将在几个月内赴法或在法读语言课的中国学生。通过阅读本书，学生会对他接下来在法国度过的一年有个整体的看法。

▲ 阅读相关的部分。比如说，中国学生在飞往法国的飞机上可以阅读法国生活那部分，而进入法国大学学习的中国学生可以阅读学习方法那部分。阅读某个部分的整块内容能确保学生不会错过某个要点。

▲ 选择性阅读。在法国学习的过程中，学生根据需要阅读某节内容，也就是根据目录直接翻到可以回答眼前所遇的具体、紧急问题的那一页，以便快速找到一个确切的答案。

为了撰写本书，我们做了大量必要的删繁就简的工作。而事实上，对于书中的大部分主题，都已有专门的书来详细探讨它们。关于如何撰写经济学论文的书就有好几本，这里我们仅举一例：《成功撰写经济学和社会学论文》[1]。

本书删繁就简的结果就是，它在一些主题上只不过刚刚开了个头——它邀请大家进一步深入研究！

我们同样在此说明，本书的撰写完全是为教育和实用服务，因此，我们摒弃了深入的理论表述，尽管这些理论本身相当有趣，但它们会让文字变得冗长。

---

[1] 本书原著为法语，具体信息如下：VALLET G., *Réussir la dissertation en Sciences économiques et en Sociologie*, Éditions Ellipses, Paris, 2016, 264 p。

Pourquoi une édition bilingue ?

Enfin, dernière précision, mais non la moindre – nous avons fait le choix d'une édition bilingue pour plusieurs raisons :

D'une part parce que le niveau de maîtrise du français des lecteurs auquel ce livre est destiné est peut-être parfois insuffisant pour lire complètement et uniquement en français.

D'autre part parce qu'une édition bilingue est aussi un moyen d'améliorer son français ! Lorsqu'à la première lecture un paragraphe paraît difficilement compréhensible, la lecture de la version chinoise du même paragraphe aide à en comprendre le sens, et la relecture de la version française du texte est alors l'occasion d'apprentissages (de vocabulaire, de syntaxe, d'orthographe…).

Possibilité d'interagir avec les auteurs

Vous pouvez contacter les auteurs, en français (!), à l'adresse : armandchanel@orange.fr

Attention : nous ne pouvons pas apporter une « aide pour venir en France » à des milliers d'étudiants chinois ! Cette adresse est réservée à des remarques critiques et des suggestions d'amélioration du livre.

Nous serions également heureux de savoir comment des enseignants de français en Chine utilisent ce livre et dans quel sens il faut le faire évoluer ou le compléter.

Bonne lecture !

Les auteurs : Armand CHANEL et Vincent PLAUCHU
Les traducteurs chinois : ZHAO Xiaoqin et LUO Rui

为什么要采用双语版？

最后却并非无足轻重的一项说明——我们之所以选择双语出版，有以下两个原因：

一方面，此书所针对的读者的法语水平有时还不足以支撑其完全用法语读完整本书。

另一方面，阅读双语版也是一个提高读者法语水平的机会！一个段落在读第一遍的时候，可能还难以读懂，但阅读中文翻译会帮助读者理解词句的含义，且再次阅读法语版也为读者提供了一个学习（词汇、句法、拼写等）的机会。

与作者联系的方式

欲与作者互动，可发邮件至armandchanel@orange.fr，但请用法语！

请注意：我们无法给要来到法国的成千上万个中国学生提供"来法帮助"！这个邮件地址仅限于对本书进行评论和提供改善意见。

我们也希望了解在中国任教的法语老师如何利用这本书，以及他们对本书的修改和完善有何建议。

祝阅读愉快！

作者：Armand CHANEL、Vincent PLAUCHU

翻译：赵晓芹、LUO Rui

Première Partie

Travailler efficacement :
les méthodes de travail
universitaire

高效学习：
法国大学学习方法

1.1 TRAVAILLER UNE MATIÈRE

Il est difficile de donner des conseils généraux, car la manière de travailler une matière va dépendre :

- ▲ De la matière : mathématiques, droit, etc. ;
- ▲ De l'étudiant : avez-vous plutôt une mémoire visuelle ou une mémoire auditive ?
- ▲ De l'enseignant : son propos est-il clair et très structuré ou un peu « touffu » ?
- ▲ Des méthodes pédagogiques : s'agit-il d'un cours magistral[①], de travaux dirigés[②] ? Y a-t-il un cours polycopié ? Un manuel de référence ?

Cependant, on peut donner quelques conseils généraux :

- ▲ Arriver à l'heure (donc en fait, légèrement en avance, car il faut toujours prévoir d'éventuels contretemps, surtout lors des examens : autobus en retard, etc.). Sinon, il faut s'excuser auprès du professeur et des autres étudiants.
- ▲ Il faut comprendre le cours. Il ne sert pas à grand-chose de noter sans comprendre. Il faut donc suivre attentivement et ne pas hésiter à poser des questions si on est en petit groupe. En France, on peut poser des questions pendant le cours à condition de le faire poliment.
- ▲ Il faut mettre ses notes au propre, les reprendre s'il faut, le soir même. Au moins relire ses notes le soir même.

[①] Un cours magistral ou CM se déroule souvent en amphithéâtre, où c'est le professeur qui expose son cours et les étudiants prennent des notes. Cela ressemble à une conférence mais il se passe en général chaque semaine.

[②] Les travaux dirigés ou TD sont une forme d'enseignement, qui se fait en petit groupe et qui permet d'appliquer les connaissances apprises pendant les cours théoriques ou d'introduire des notions nouvelles. Les étudiants soit exposent leurs travaux que le professeur contrôle et corrige, soit le professeur donne des exercices pratiques qui sont ensuite corrigés.

1.1　学好一门课

关于如何学好一门课，我们很难给出一些通用的建议，因为每门课程的学习方式取决于：

▲ 课程本身：如数学、法律等；

▲ 学生本人：你的记忆是视觉型还是听觉型的？

▲ 授课老师：他讲的内容条理清晰还是有些"杂乱"？

▲ 教学方法：它是一堂理论教学课①（教师教授的主课，又称"大课"），还是小组指导课②？有没有讲义或参考教材？

然而，我们仍然可以给出几条整体的建议：

▲ 准时。（事实上，要稍微提前一点，以防万一，比如公共汽车晚点等，尤其是考试的时候。）如果迟到的话，要向老师和其他同学致歉。

▲ 要听懂课。只记笔记却听不懂没什么太大用处。要认真听，在课堂人数不多时，积极提问。在法国，只要提问方式符合礼貌，我们可以在老师讲课时提出疑问。

▲ 如果需要整理笔记，尽可能当天晚上就做。至少要在当晚重新阅读笔记。

---

① 理论教学课通常在大型阶梯教室进行，老师讲课，学生做笔记。它在形式上很像一个讲座，通常每周都会有课。

② 小组指导课是一种教学形式，以分组形式组织课堂，可应用理论课程中学到的知识或引入新的概念。学生在课堂上口述他们的作业后请老师检查、纠正，或者由老师布置练习题，学生做完后老师改正。

▲ Il faut revoir les cours de la semaine pendant le week-end. Dans ces conditions, les révisions seront bien des révisions et pas des premières visions (découverte en fait d'un cours qu'on n'a jamais vraiment travaillé) . Redisons-le : seul un travail régulier peut vous éviter de vous trouver avec un travail trop important à la veille des examens. Faites-vous un plan de travail et tenez-vous-y.

▲ Il faut lire en parallèle un ou deux manuels ou livres traitant de mêmes questions que le cours. Bien que cela soit lourd et parfois fastidieux, il est très important de voir une autre approche que celle du professeur. Cela va vous aider à mieux comprendre, à enrichir votre réflexion, à prendre du recul, à voir des points de vue différents, à vous forger votre propre point de vue. En plus, sur telle ou telle question, l'autre approche sera peut-être plus claire.

▲ Faites des fiches : des fiches pour vos révisions avec l'essentiel du cours (= des résumés synthétiques de chapitres), des fiches de synthèse sur les concepts centraux du cours, des fiches de lecture sur des articles, ou sur des chapitres du livre.

▲ Pour les révisions :
1) Relire vos notes de cours ou vos fiches de synthèse (c'est à ce moment-là que vous apprécierez d'en avoir fait !) ;
2) Entraînez-vous sur des sujets tombés les années précédentes (que l'on trouve dans des recueils dénommés « Annales ») ;
3) Imaginez quelques sujets qui pourraient être proposés ;
4) Révisez à plusieurs en vous posant mutuellement des questions.

▲ Il faut travailler régulièrement dans l'année. Un dicton français dit que « le temps perdu ne se rattrape plus ». Il est en effet impossible de rattraper, au moment des révisions, tout ce que l'on n'a pas fait tout au long de l'année.

▲ Si vous êtes en difficulté dans une matière, vous pouvez aussi demander conseil à l'enseignant. Normalement, tous les enseignants tiennent une permanence et le secrétariat doit pouvoir vous en indiquer le lieu et l'heure. N'hésitez pas à contacter l'enseignant si vous ne comprenez pas les annotations qu'il a mises sur votre copie.

▲ Travaillez « en tandem » avec un camarade. Échangez sur vos difficultés, montrez-vous vos notes de cours l'un à l'autre, posez-vous mutuellement des questions et faites des entraînements pour l'examen oral.

▲ 周末将这一周的课复习一遍。如此，复习才会是"复"习，而不是第一次学习（也就是说发现某节课好像是一片空白）。重申一遍，只有持续不断的学习才可以让你避免考试前不堪重负。应制定一个学习计划，并坚持下去。

▲ 在课堂之外还需要同时阅读一两本同样题材的教材或书籍。虽然这项工作很繁重，有时还会很枯燥，但是了解与老师所述不同的方法是很重要的。这会增进你对知识的理解，丰富你的思考，帮助你重新审视问题，了解不同的观点，以形成你自己的观点。而且，有些问题采用另一种方法可能会更明了。

▲ 做笔记：帮助你复习课程主要内容（即章节的简述）的笔记、课程主要概念的综述、文章或图书章节的阅读笔记。

▲ 复习应注意：

　1）重新阅读课堂笔记或综述（这时候你会感谢你自己做好的这些工作）；

　2）拿前几年的考题进行练习（这些题目我们可以在学校往年的"试卷集锦"①里找到）；

　3）猜测可能会出到的题目；

　4）几个人一起复习，相互提问。

▲ 整学年都要有规律地学习。法语中有句谚语："失去的时间就再也补不回来了。"事实上，复习的时候，我们也不可能补做一整个学年间没能完成的工作。

▲ 如果一门课学起来有困难，你可以向授课老师咨询。一般说来，每位老师都有值班时间，你可以向秘书处工作人员询问他们的值班时间和地点。如果你不明白老师写在你作业上的批注，不妨联系他。

▲ 与一名同学结伴学习。交流各自的难点，交换笔记，相互提问，进行口试练习。

---

① "试卷集锦"通常可以在大学的图书馆或者学校的官方网站上找到。

1.2 — LA PRISE DE NOTES ÉCRITES À PARTIR D'UN EXPOSÉ ORAL

C'est un exercice aussi difficile qu'important. Difficile, parce qu'on doit réaliser plusieurs tâches simultanément : *écouter + comprendre + déterminer ce qui est important + écrire !*

Exercice important pour tout étudiant en général, mais spécialement pour les étudiants chinois : en effet, ceux-ci demandent souvent les notes des étudiants français pour les aider à vérifier et compléter leurs propres notes de cours. Or, s'ils veulent pouvoir les comprendre, il leur faut en particulier savoir « déchiffrer » les abréviations couramment utilisées en français par leurs camarades.

A. Les objectifs : pourquoi prendre des notes ? 〉〉〉

On prend des notes lors d'un cours, d'une conférence ou d'un exposé oral d'un étudiant pour plusieurs raisons :

- ▲ pour pouvoir fixer l'attention et donc mieux comprendre les idées, et pouvoir aussi retrouver ces idées à la fin de l'exposé oral si on veut poser des questions ;
- ▲ pour pouvoir revenir sur le cours juste après « à chaud », afin de le mettre en forme définitive (= « le mettre au propre ») et de bien l'assimiler ;
- ▲ pour pouvoir réviser ce cours avant les examens (il faudra donc qu'il soit alors clairement relisible !) ;
- ▲ enfin, on peut avoir besoin de ces notes pour d'autres travaux (par exemple rédiger un mémoire) ou à d'autres moments (par exemple, en L3, on a besoin parfois de revenir sur des notions de base vues en L1 ou L2 ; ou en M2 on revient sur des notions de M1).

Pour quels résultats ? Vos notes doivent être utiles, utilisables et utilisées.

Des notes utiles : tout prendre en notes ou non ? Cela dépend d'abord de votre rapidité à écrire… comparativement au débit oral de l'enseignant, qui peut être plus ou moins rapide.

1.2 记录口头陈述的笔记

对口头陈述进行记录是一项复杂且重要的练习。说它复杂，是因为我们需要同时完成多个任务：聆听、理解、确定重要内容并记录。

这个训练对任何学生而言都很重要，而对于在法留学的中国学生来说尤是如此：事实上，中国留学生经常向法国同学借笔记，来核对并补充自己的课堂笔记。然而，要想看懂法国学生的笔记，就需要学会"解读"他们经常使用的法语缩写。

A．目的：为什么要做笔记？ 》》》

我们在上课、听讲座或听同学的口头报告时都会做笔记，原因可分为以下几个：

- ▲ 以便集中精力，听懂内容，如果在演讲结束时需要提问题，也便于找到相关信息；
- ▲ 以便稍后"趁热"回顾课程、整理笔记和消化吸收；
- ▲ 以便进行考前复习（因此笔记需要清晰可认）；
- ▲ 最后，我们做其他功课（比方说写论文）或在其他时候（例如，大学三年级有时会用到一二年级的基本概念，研二会用到研一的一些概念）也可能需要这些笔记。

笔记要达到什么效果？你的笔记应该有用、可用，且被实际使用。

有用的笔记是要记录一切吗？这首先取决于你记录的速度——它是否能跟上老师讲话的速度，毕竟老师讲话有快有慢。

Cela dépend aussi de votre maîtrise du sujet : si c'est un cours fondamental que vous découvrez, vous avez intérêt à prendre le plus de notes possibles. Sinon, vous pouvez vous limiter aux idées qui vous paraissent les plus pertinentes (car les plus essentielles, ou les plus nouvelles, ou celles qui vous interrogent…).

> **NB :** attention, si vous décidez d'enregistrer un cours (car c'est pratique), vous risquez cependant de n'avoir ni le temps ni l'énergie de le retranscrire plus tard.

• Des notes utilisables… même longtemps après

Vous devez pouvoir vous relire sans difficulté, même longtemps après. Vous pouvez vous appuyer sur des codes standards, mais n'hésitez pas à adopter vos propres codes, qui vous conviennent mieux. Mais en tout état de cause, ils doivent être formatés une fois pour toutes : vous devez choisir une mise en page, des abréviations, des codes de couleurs identiques pour toutes vos notes, ce qui facilitera vos révisions.

• Des notes utilisées… et réutilisées

Vos notes sont un des supports de votre apprentissage, complémentairement à d'autres. Ainsi, il est fortement conseillé de les comparer à d'autres sources (manuels, articles spécialisés) : ce que vous avez peut-être mal compris dans votre cours pourra parfois s'éclairer avec une autre formulation d'une autre source… et réciproquement : vous pourrez revenir à vos notes de cours quand vous comprenez mal certaines idées d'un manuel ou d'un article !

B. Les techniques concrètes de la prise de notes 〉〉〉

• Noter le plan

Lors d'un cours, d'une présentation, d'une intervention… très souvent l'intervenant annonce son plan en introduction. Notez ce plan ! Et numérotez dès ce moment ses grandes parties (I, II, III …) : l'exposé oral sera plus clair pour vous, et vous pourrez plus tard noter seulement les numéros choisis sans avoir noter à nouveau les titres : vous n'aurez plus qu'à les insérer à la fin du cours ou lors de la relecture de vos notes.

这也取决于你对主题的熟悉程度：如果是一堂很重要的课，你又刚开始接触，那么就有必要尽可能多做笔记。否则，你只需记下那些你认为最相关的内容（最主要的、最新的，或者那些你有疑问的……）。

> **注意：**如果你决定把一堂课录下来（因为这很方便），你很可能没有时间也没有精力去整理录音。

• 可持久使用的笔记

哪怕很久之后，你的笔记重新阅读起来也应该毫无困难。你可以沿用一些标准方法，也可以大胆地使用你自创的最适合你的方法。但是，总的来说，这些方法需要一开始就定好规范，并一直沿用下去：你所有的笔记需要使用同样的页面格式、缩写形式和颜色标记，以便复习。

• 实际使用、再使用的笔记

笔记是你学习的材料之一，是对其他材料的补充。由此，我们强烈建议你将笔记与其他资料（课本和专业文章）对照：对于课上不理解的内容，你可能会在另一种资料的不同说法里找到解释；反之亦然，当你不理解课本或专业文章里的某些内容时，也可以查看笔记。

B. 做笔记的具体方法 ⟫⟫

• 记下内容大纲

在课堂、演讲或报告会等场合，演讲人最开始都会给出所讲内容的大纲。这时，你便可以记下这个大纲，然后立即给主要部分编号（I、II、III……）：如此一来，演讲就会更加清晰，稍后你就只需记下编号，而不必重新记录标题——需要的话，你可以在课后或者重读笔记时再将其补充上去。

• Noter au moins l'essentiel

Noter les mots-clés, les définitions, les phrases-clés (repérez la phrase-clé qui résume une pensée : l'intervenant insiste souvent sur l'essentiel, soit explicitement, soit implicitement par l'intonation, la gestuelle…) et les relations logiques (repérez certains mots qui marquent les relations logiques entre les idées ou les étapes : premièrement, deuxièmement ; d'abord, ensuite, enfin ; passons à…).

> **NB :** si vous ne comprenez pas une expression, ou la suite logique des idées, n'hésitez pas à demander des éclaircissements à l'enseignant, soit pendant le cours (si le groupe d'étudiants n'est pas très nombreux) soit à la fin. Dites-vous que *lorsqu'une une idée n'a pas été comprise par vous-même, il y en a certainement d'autres étudiants qui n'ont pas non plus compris…*

• Choisir la bonne mise en page des notes

Certes, prendre des notes directement sur son ordinateur portable permet de les avoir sous forme numérisées, mais prendre des notes « à la main » est plus flexible : il est plus facile de barrer, de surligner, d'utiliser des abréviations, d'organiser une mise en page hiérarchisée (avec des retraits successifs en cascade, selon les numéros : I, II, III, puis 1, 2, 3 ou A, B, C, puis a, b, c…).

• Pensez à bien indexer vos notes

Inscrire le nom du cours et celui de l'enseignant, la date du cours, le numéro des pages et écrire de préférence seulement au verso (cela facilite la recherche « en arrière » des informations, surtout pendant le cours, sans avoir à retourner les pages).

• Prévoir une marge importante

A droite ou à gauche, afin de pouvoir ajouter des informations complémentaires à l'exposé oral suivi : renvois à d'autres informations (références d'un auteur ou livre ; définitions ; statistiques…) ; questions à poser devant des idées qui vous interrogent (il sera alors facile à la fin de retrouver le ou les paragraphes qui posaient problème).

• 至少记下核心内容

记下关键词、定义、关键语句（找到那些总结想法的关键句子：演讲人经常会强调核心内容，他要么会直接讲出来，要么会通过语调、手势进行暗示）和逻辑关系（找到那些表明观点或论述层次之间的逻辑关系的词：第一、第二，首先、其次、最后，接下来我们谈……）。

> **注意：** 如果你不明白某些表达或观点间的逻辑，请大胆地让老师进行解释，可以在课上（如果课堂里的学生不是很多）提问，也可以在课后。你得告诉自己，如果有一处你没明白的地方，肯定还有其他同学也没明白……

• 选择合适的笔记格式

当然，直接在电脑上记笔记、给笔记编号会很方便，但是手写笔记则要灵活得多：可更轻易地划掉、加下划线、使用缩写、采用层级化的格式（可以使用逐级缩进，利用不同形式的编号：I、II、III配1、2、3，或者A、B、C配a、b、c……）。

• 记得给笔记编上索引

写上课程名称、教师姓名、上课日期、总页数，且最好只写在背面（这会方便查找之前的信息，尤其是课堂上，不用翻来翻去）。

• 在页面上留足空白

在左边或右边留空都行，以便给课程加上补充信息，如参考信息（某个作者或某本书、定义、数据……）或你需要提出的疑问（结束时你可以轻易找到有疑问的段落）。

Pour gagner du temps dans votre prise de notes, vous devez utiliser ou mettre au point un système d'abréviations. Voici quelques règles communément utilisées :

▲ Utiliser la transcription phonétique : « C'est » peut alors s'écrire simplement « c » (prononcez « cé »), tout comme en anglais « *See You* » peut s'écrire « *CU* » ou « *Business to Business* » peut s'écrire « *B2B* ».

▲ Utiliser la transcription numérique : En effet, en français, les premiers nombres un, deux, trois, s'écrivent plus simplement sous forme de chiffres 1, 2, 3. Donc, « Un exemple » pourra s'écrire « 1 ex. ».

▲ Supprimer les mots inutiles : Les articles, certains adjectifs, certains verbes.

Ex : « *Le sport est bon pour la santé* » devient : « *sport bon pr santé* ».

▲ Utiliser des flèches et symboles mathématiques.

Ex : « *Le sport est bon pour la santé* » devient : « *sport = santé* ».

▲ Abréger la fin des mots :

Le suffixe « -tion » très fréquent en français peut être remplacé par « ° » : ex. mondialisation = mondialisa° ; pollution = pollu° ; les suffixes « -ement, -ment, -ent » peuvent être remplacés par « ^{t} » minuscule exposant : ex. fréquemment = fréquen^t ; comportement = comport^t ; le suffixe « -que » peut être remplacé par 《q》 : ex. automatique = automatiq ; magique = magiq…

NB :

▲ Écrivez complètement les mots techniques que vous utilisez pour la première fois.

▲ Lorsque vous décidez d'employer une abréviation nouvelle, notez-la en marge de votre feuille.

▲ Utilisez toujours les mêmes abréviations, respectez votre propre code !

为了节约记笔记的时间，你需要使用或制定出一套缩写方法。以下是一些通用做法：

▲ 发音法：C'est可简写成C（发cé的音），就像英语里的See you可写成CU，或者Business to Business可写成B2B一样。

▲ 数字法：事实上，法语里最开始的几个数字un、deux、trois写成阿拉伯数字的形式要简单得多。因此，un exemple可写成1 ex.。

▲ 省略无用的词：冠词、某些形容词、某些动词等。

例：Le sport est bon pour la santé可写成sport bon pr santé。

▲ 使用箭头和数学符号。

例：Le sport est bon pour la santé可记成sport = santé。

▲ 词后缀的缩写：法语里很常见的后缀 "-tion" 可替换成 "°"。

例：mondialisation = mondialisa° ；pollution = pollu° 。

后缀-ement、-ment、-ent可以替换成小写字母t的上标形式。

例：fréquemment = fréquen^t；comportement = comport^t。

后缀-que可替换为q。

例：automatique = automatiq；magique = magiq。

注意：
▲ 第一次使用的术语，需要完整记录。
▲ 当你采用一种新的缩写方式时，请将它写在页面边上的空白处。
▲ 沿用同一种缩写方式，遵守你自己的规则！

Pour vous aider, voici trois tableaux : les abréviations les plus courantes dans le langage commun ; les symboles les plus fréquents ; les abréviations les plus usitées dans le domaine de l'économie-gestion :

I. Abréviations courantes	Signification	Signification en chinois
bcp	beaucoup	很多
c^	comme	像；比如
càd	c'est-à-dire	也就是说
changt	changement	变化
cpdt	cependant	然而
ds	dans	在……里面
ê	être	是
ex.	exemple/par exemple	例子 / 例如
g^{al}	général	总体的
hô	homme	人
imp	important	重要
js	jamais	从来不
ms	mais	但是
max /min	maximum/minimum	最大 / 最小
m^/ m^ si	même/ même si	同样的 / 即使
mvt	mouvement	动作；运动
nb	nombre	数字
nbx	nombreux	很多的
ns	nous	我们
pb	problème	问题
qq	quelque/ quelques	某个 / 几个
qqch	quelque chose	某个东西
qqf	quelquefois	有时
$S^{té}$	société（pays ou entreprise）	社会；公司
svt	souvent	经常
tjrs	toujours	一直；总是
tps	temps (time ou weather)	时间 / 天气
tous/ tout	ts/ tt	所有 / 任何
W (*work*)	travail	工作

这里有三个可以帮助到你的表格：一般用语中的常用缩写、常用符号、经济管理领域的常用缩写。

I. 常用缩写	含义	对应中文
bcp	beaucoup	很多
c^	comme	像；比如
càd	c'est-à-dire	也就是说
changt	changement	变化
cpdt	cependant	然而
ds	dans	在……里面
ê	être	是
ex.	exemple/ par exemple	例子 / 例如
g^{al}	général	总体的
hô	homme	人
imp	important	重要
js	jamais	从来不
ms	mais	但是
max / min	maximum / minimum	最大 / 最小
m^/ m^ si	même/ même si	同样的 / 即使
mvt	mouvement	动作；运动
nb	nombre	数字
nbx	nombreux	很多的
ns	nous	我们
pb	problème	问题
qq	quelque/ quelques	某个 / 几个
qqch	quelque chose	某个东西
qqf	quelquefois	有时
S^{té}	société (pays ou entreprise)	社会；公司
svt	souvent	经常
tjrs	toujours	一直；总是
tps	temps	时间 / 天气
ts/ tt	tous/ tout	所有 / 任何
W (*work*)	travail	工作

（suite）

I. Abréviations courantes	Signification	Signification en chinois
vs	vous	你们；您
VS	versus	与……对照； 与……相反
vx	vieux	老的；旧的
var	variable (adjectif ou nom commun)	变化的；变量

* * *

II. Symboles courants	Signification	Signification en chinois
→	aboutit à/ devient/ va à/ jusqu'à	通往 / 变成 / 去（某地）/ 直到
=>	entraîne/ a pour conséquence	导致 / 会有……结果
←	vient de/ est issu de/ depuis	来自 / 出自 / 从
<=	a pour origine/ est entraîné par	源于 / 由……导致
↔	est en interaction avec	与……相互作用
↑ ou ↗	augmente/ progresse/ monte/ s'accroît/ se développe	增长 / 进步 / 上升，增加 / 发展
↓ ou ↘	diminue/ descend/ décroît/ décline	降低 / 下降 / 减少，衰退
+	s'ajoute à	增加到
=	égal/ équivaut à	与……相等 / 等同于
≡	est équivalent à	等价于
±	plus ou moins	或多或少
/	par rapport à	与……相比
<	est inférieur à/ vaut moins que/ est en dessous de	低于 / 价值低于 / 在……之下
>	est supérieur à/ vaut moins que/ l'emporte sur	高于 / 价值高于 / 超过
% ‰	pour cent pour mille	百分之…… 千分之……

I. 常用缩写	含义	对应中文
vs	vous	你们；您
VS	versus	与……对照； 与……相反
vx	vieux	老的；旧的
var	variable (adjectif ou nom commun)	变化的；变量

* * *

II. 常用符号	含义	对应中文
→	aboutit à/ devient/ va à/ jusqu'à	通往 / 变成 / 去 （某地）/ 直到
=>	entraîne/ a pour conséquence	导致 / 会有…… 结果
←	vient de/ est issu de/ depuis	来自 / 出自 / 从
<=	a pour origine/ est entraîné par	源于 / 由……导致
↔	est en interaction avec	与……相互作用
↑ ou ↗	augmente/ progresse/ monte/ s'accroît/ se développe	增长 / 进步 / 上升 / 增加 / 发展
↓ ou ↘	diminue/ descend/ décroît/ décline	降低 / 下降 / 减少 / 衰退
+	s'ajoute à	增加到
=	égal/ équivaut à	与……相等 / 等同于
≡	est équivalent à	等价于
±	plus ou moins	或多或少
/	par rapport à	与……相比
<	est inférieur à/ vaut moins que/ est en-dessous de	低于 / 价值低于 / 在……之下
>	est supérieur à/ vaut plus que/ l'emporte sur	高于 / 价值高于 / 超过
% ‰	pour cent pour mille	百分之…… 千分之……

II. Symboles courants	Signification	Signification en chinois
∀	quel que soit/ pour n'importe quel...	无论 / 不论
∃	il existe, on trouve…	存在
Σ	somme, totalité	汇总；总数
Ø	vide/ rien/ absence	空集 / 无 / 缺失
#	contraire à/ s'oppose à	与……相反 / 与……相对
≠	est différent de/ ne ressemble pas à	不同于 / 不似
≈	à peu près/ environ	差不多 / 大约
Δ Δ + Δ –	variation variation positive (accroissement) variation négative (baisse)	（变量的）变化 正向变化（增长） 负向变化（减少）
∈	appartient à/ fait partie de/ est inclus dans	属于 / 是……的一部分 / 包含在……内
∉	n'appartient pas à/ ne fait pas partie de/ est étranger à	不属于 / 不是……的一部分 / 与……不相干
∫	est fonction de/ dépend de	随……变化 / 取决于
!!	attention à	注意
⟨=⟩	implique/ est indissociable de	牵涉到 / 与……不可分离

* * *

III. Abréviation en économie-gestion	Signification	Signification en chinois
C↑ ou CE	croissance économique	经济增长
dvpt	développement	发展
P°	production	生产
Cons° ou C°	consommation	消费
p^{té}	productivité	生产力
M	importations	进口
X	exportations	出口

II. 常用符号	含义	对应中文
∀	quel que soit/ pour n'importe quel	无论 / 不论
∃	il existe, on trouve	存在
Σ	somme, totalité	汇总；总数
Ø	vide/ rien/ absence	空集 / 无 / 缺失
#	contraire à/ s'oppose à	与……相反 / 与……相对
≠	est différent de/ ne ressemble pas à	不同于 / 不似
≈	à peu près/ environ	差不多 / 大约
Δ Δ + Δ −	variation variation positive (accroissement) variation négative (baisse)	（变量的）变化 正向变化（增长） 负向变化（减少）
∈	appartient à/ fait partie de/ est inclus dans	属于 / 是……的一部分 / 包含在……内
∉	n'appartient pas à/ ne fait pas partie de/ est étranger à	不属于 / 不是……的一部分 / 与……不相干
∫	est fonction de/ dépend de	随……变化 / 取决于
‼	attention à	注意
⟨=⟩	implique/ est indissociable de	牵涉到 / 与……不可分离

* * *

III. 经管领域的常用缩写	含义	对应中文
C↑ ou CE	croissance économique	经济增长
dvpt	développement	发展
P°	production	生产
Cons° ou C°	consommation	消费
p^té	productivité	生产力
M	importations	进口
X	exportations	出口

III. Abréviation en économie-gestion	Signification	Signification en chinois
I.	investissement	投资
S.	épargne	储蓄
Entrep. ou E.	entreprise	公司
mktg	marketing	市场营销
compta	comptabilité	会计
Bq	banque	银行
BCE	banque centrale européenne	欧洲央行
gouvt	gouvernement	政府
stat	statistiques	统计
M ou 10^6	million	百万
Md ou 10^9	milliard	十亿
k	kilo ou mille	千
ns	non significatif (ex. dans les stat.)	不显著（统计学术语）
PIB ou Y	produit intérieur brut	国内生产总值
stk	stocks	库存
D.D	développement durable	可持续发展
R.N	ressources naturelles	自然资源
clt	client	客户
fr	fournisseur	供货商
V.A	valeur ajoutée	附加价值
C.A	chiffre d'affaires	营业额
FMN	firme multinationale	跨国公司
FTN	firme transnationale	国际公司
agri	agriculture/ agricole	农业 / 农业的
indus	industrie/ industriel	工业 / 工业的
M.B	marge bénéficiaire	利润额
L (*labour*) ou W (*work*)	travail	工作
K (vient de l'allemand *Kapital*)/ Kx	capital/ capitaux	资本
s ou w	salaire	工资
tx d'i	taux d'intérêt	利率
CT	court terme	短期
MT	moyen terme	中期
LT	long terme	长期

III. 经管领域的常用缩写	含义	对应中文
I.	investissement	投资
S.	épargne	储蓄
Entrep. ou E.	entreprise	公司
mktg	marketing	市场营销
compta	comptabilité	会计
Bq	banque	银行
BCE	banque centrale européenne	欧洲央行
gouvt	gouvernement	政府
stat	statistiques	统计
M ou 10^6	million	百万
Md ou 10^9	milliard	十亿
k	kilo ou mille	千
ns	non significatif (ex. ds les stat.)	不显著（统计学术语）
PIB ou Y	produit intérieur brut	国内生产总值
stk	stocks	库存
D.D	développement durable	可持续发展
R.N	ressources naturelles	自然资源
clt	client	客户
fr	fournisseur	供货商
V.A	valeur ajoutée	附加价值
C.A	chiffre d'affaires	营业额
FMN	firme multinationale	跨国公司
FTN	firme transnationale	国际公司
agri	agriculture/ agricole,	农业 / 农业的
indus	industrie/ industriel	工业 / 工业的
M.B	marge bénéficiaire	利润额
L (labour) ou W (work)	travail	工作
K(源自德语 Kapital 一词)/ Kx	capital/ capitaux	资本
s ou w (wage)	salaire	工资
tx d'i	taux d'intérêt	利率
CT	court terme	短期
MT	moyen terme	中期
LT	long terme	长期

Voici un petit texte[1]. À vous de le transcrire sous forme de notes abrégées. Vous pouvez aussi choisir de faire l'inverse : à partir des notes abrégées, reconstituer le texte complet.

Asie. Les États à la rescousse

Le ralentissement chinois pèse sur les pays de la région. Seule exception, l'Inde, engagée dans un décollage durable.

Une croissance dopée au soutien public. Tout comme en 2016, l'Asie devrait continuer à afficher un dynamisme à faire pâlir d'envie le reste du monde. Mais, à l'exception notable de l'Inde, ces bonnes performances seront surtout dues à des *stimulus* fiscaux et monétaires. « Les fondamentaux ne sont pas encore sains » note Mahamoud Islam, expert Asie pour Euler Hermes.

- **La dette des entreprises publiques chinoises**

C'est vrai notamment en Chine. La perspective d'un atterrissage brutal s'est éloignée au profit d'un ralentissement en douceur de l'activité : la croissance devrait encore atteindre 6% l'an prochain. Un scénario favorable largement dû aux milliards injectés par l'État, notamment dans des projets d'infrastructure. Mais les responsables du Bureau national des statistiques chinoises le reconnaissent eux-mêmes, la Chine « est engagée dans une période délicate de transformation et de rééquilibrage ». Autrement dit, l'orientation vers une économie davantage tournée vers les services et la consommation des ménages reste chaotique. « Le pays est toujours confronté aux surcapacités liées au surinvestissement dans tous les secteurs durant les années 2000 », constate l'économiste Jean-Joseph Boillot, Conseiller au club du CEPII.

Le gouvernement chinois devra surtout faire face à l'énorme dette des entreprises publiques, « insoutenable » selon le FMI et à une bulle dans l'immobilier. « Pékin a commencé à davantage encadrer le recours au crédit, tout en laissant filer son taux de change pour soutenir l'activité », souligne Mahamoud Islam. Une Stratégie qui pèse sur ses voisins : « La Corée Sud, Singapour, Taiwan perdent en compétitivité par rapport à la Chine », ajoute cet expert.

Dans ces pays traditionnellement tournés vers l'export, la puissance publique doit donc aussi intervenir pour soutenir l'activité, par des dépenses budgétaires, des baisses de taxes et des réductions de taux d'intérêt. [...]

Rien de tel en Inde qui, pour la deuxième année consécutive, devrait même afficher un taux de croissance supérieur à celui de la Chine. « C'est un phénomène durable, car l'Inde, encore très pauvre, est en plein décollage, et tire toute sa croissance de sa demande domestique », souligne Jean-Joseph Boillot.

---

[1] Il s'agit ici d'extrait du dossier : « *Atlas de l'économie mondiale en 2017 : nos prévisions de croissance pour 180 pays.* », dans *L'Expansion*, p. 64.

这是一篇小文章①，你需要将其转换成使用缩写的笔记。你也可以做一个反向练习，即把缩写笔记还原成完整的文字。

Asie. Les États à la rescousse

Le ralentissement chinois pèse sur les pays de la région. Seule exception, l'Inde, engagée dans un décollage durable.

Une croissance dopée au soutien public. Tout comme en 2016, l'Asie devrait continuer à afficher un dynamisme à faire pâlir d'envie le reste du monde. Mais, à l'exception notable de l'Inde, ces bonnes performances seront surtout dues à des *stimulus* fiscaux et monétaires. « Les fondamentaux ne sont pas encore sains » note Mahamoud Islam, expert Asie pour Euler Hermes.

● **La dette des entreprises publiques chinoises**

C'est vrai notamment en Chine. La perspective d'un atterrissage brutal s'est éloignée au profit d'un ralentissement en douceur de l'activité : la croissance devrait encore atteindre 6% l'an prochain. Un scénario favorable largement dû aux milliards injectés par l'État, notamment dans des projets d'infrastructure. Mais les responsables du Bureau national des statistiques chinoises le reconnaissent eux-mêmes, la Chine « est engagée dans une période délicate de transformation et de rééquilibrage ». Autrement dit, l'orientation vers une économie davantage tournée vers les services et la consommation des ménages reste chaotique. « Le pays est toujours confronté aux surcapacités liées au surinvestissement dans tous les secteurs durant les années 2000 », constate l'économiste Jean-Joseph Boillot, Conseiller au club du CEPII.

Le gouvernement chinois devra surtout faire face à l'énorme dette des entreprises publiques, « insoutenable » selon le FMI et à une bulle dans l'immobilier. « Pékin a commencé à davantage encadrer le recours au crédit, tout en laissant filer son taux de change pour soutenir l'activité », souligne Mahamoud Islam. Une Stratégie qui pèse sur ses voisins : « La Corée Sud, Singapour, Taiwan perdent en compétitivité par rapport à la Chine », ajoute cet expert.

Dans ces pays traditionnellement tournés vers l'export, la puissance publique doit donc aussi intervenir pour soutenir l'activité, par des dépenses budgétaires, des baisses de taxes et des réductions de taux d'intérêt. […]

Rien de tel en Inde qui, pour la deuxième année consécutive, devrait même afficher un taux de croissance supérieure à celui de la Chine. « C'est un phénomène durable, car l'Inde, encore très pauvre, est en plein décollage, et tire toute sa croissance de sa demande domestique », souligne Jean-Joseph Boillot.

---

① 这是一篇报道的节选，来源如下：*Atlas de l'économie mondiale en 2017: nos prévisions de croissance pour 180 pays.*, dans *L'Expansion*, p.64。

• Proposition de prises de notes rapides

> **NB :** ici, on notera *As.* pour Asie ; *Ch* pour Chine (et non pas CH, car en Europe, CH désigne la Confédération Helvétique, c'est-à-dire Suisse) ; *chin.* pour chinois.

 Exemple de prise de notes[1]

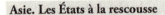 **Asie. Les États à la rescousse**

Le ralentisst chin. pèse sur pays d'As. Excep° : Inde, engagée ds 1 décollage durable.

1 CE dopée au soutien public. Tt c^ en 2016, As.devrait afficher 1 grd dynamisme –ms exceptée Inde– ces bonnes performances surtt dues à stimulus fiscaux et monétaires. « Les fondamentx pas encore sains » pr M. Islam, expert.

● **La dette des E. publiq chin.**

C vrai en Ch. La perspective d'1 atterrissage brutal remplacée par ralentisst en douceur : la CE encore = 6 % l'an prochain. 1 scénario >0 dû aux MM injectés par État, notamt ds projets d'infrastructure. Ms Bureau Nal stat chin. le reconnait lui-même : La Ch « est engagée ds 1 période délicate de transf° & rééquilibrage ». Càd orientation vers 1 éco + tournée vers services et conso° ménages = chaotiq. « Le pays tjrs confronté aux surcapacités liées au surinvestt ds ts les secteurs durant 2000's » J.J. Boillot, économiste Cepii.

Le gouvt chin : faire face à énorme dette E. publiq (= « insoutena-ble » selon FMI) + bulle immob. « Pékin ↑ encadremt du crédit, et laisse filer le tx de change pr soutenir la P°. » M. Islam.

Stratégie qui pèse sur voisins : « Corée Sud, Singapour, Taiwan : compétitivité /Ch ↓ » : M. Islam.

Ds ces pays où Ǝ bcp export, l'État doit intervenir pr soutenir la P°par dép. budg., ↓ taxes & ↓ tx i.

[…] En Inde c ≠ : depuis 2 ans, tx CE > à Ch. « C 1 phénomène durable, car Inde encore très pauvre, en plein décollage, & tire sa CE de D. domestiq » J. Boillot.

---

[1] Il y a deux types d'exemples présentés dans ce livre : soit les exemples donnés par l'enseignant – dans ce cas, ils sont traduits en chinois ; soit les exemples issus de travaux concrets d'étudiants à titre d'illustration authentiques, ils ne sont pas traduits.

- ## 快速做笔记的建议

> **注意：** 这里我们用 As. 代替 Asie；用 Ch 代替 Chine（不要用 CH，因为在欧洲，CH 代表赫尔维西亚联邦，即 Confédération Helvétique，也就是瑞士联邦）；用 chin. 代替 chinois。

做笔记的效果示例 [1]

Asie. Les États à la rescousse

Le ralentisst chin. pèse sur pays d'As. Excep° : Inde, engagée ds 1 décollage durable.

1 CE dopée au soutien public. Tt c^ en 2016, As.devrait afficher 1 grd dynamisme -ms exceptée Inde- ces bonnes performances surtt dues à stimulus fiscaux et monétaires. « Les fondamentx pas encore sains » pr M. Islam, expert.

- **La dette des E. publiq chin.**

C vrai en Ch. La perspective d'1 atterrissage brutal remplacée par ralentisst en douceur : la CE encore = 6 % l'an prochain. 1 scénario >0 dû aux MM injectés par État, notamt ds projets d'infrastructure. Ms Bureau Nal stat chin. le reconnait lui-même : La Ch « est engagée ds 1 période délicate de transf° & rééquilibrage ». Càd orientation vers 1 éco + tournée vers services et conso° ménages = chaotiq. « Le pays tjrs confronté aux surcapacités liées au surinvestt ds ts les secteurs durant 2000's » J.J. Boillot, économiste Cepii.

Le gouvt chin : faire face à énorme dette E. publiq (= « insoutena-ble » selon FMI) + bulle immob. « Pékin ↑ encadremt du crédit, et laisse filer le tx de change pr soutenir la P°. » M. Islam.

Stratégie qui pèse sur voisins : « Corée Sud, Singapour, Taiwan : compétitivité /Ch ↓ » : M. Islam.

Ds ces pays où Ǝ bcp export, l'État doit intervenir pr soutenir la P°par dép. budg., ↓ taxes & ↓ tx i.

[…] En Inde c ≠ : depuis 2 ans, tx CE > à Ch. « C 1 phénomène durable, car Inde encore très pauvre, en plein décollage, & tire sa CE de D. domestiq » J. Boillot.

---

[1] 本书中包含两种类型的示例：一种是教师提供的范本——这种示例被翻译成中文（呈现于中文对照部分）；另一种是从具体的学生作业中提取的示例，它们以法语原文形式作为真实例证展示。

1.3 LA FICHE DE LECTURE

« Il faisait des extraits de tout ce qu'il lisait, et il ajoutait ses réflexions, après quoi il, mettait tout cela à part ; et ne le regardait plus. Sa mémoire qui était admirable, ne se déchargeait point, comme à l'ordinaire, des choses qui étaient écrites. Mais seulement l'écriture avait été nécessaire pour les y graver à jamais. »

Fontenelle, *Éloge de Monsieur de Leibnitz*

• Pourquoi faire des fiches de lecture ?

Lire des ouvrages, articles et toute autre sorte de documents est absolument nécessaire, mais cela n'est pas suffisant ; il faut aussi faire des « fiches de lecture » et cela pour quatre principales raisons :

1) Nous constatons régulièrement que certains étudiants font des lectures dont il ne leur reste finalement pas grand-chose. (Nous constatons de même que des étudiants sortent d'un cours en amphi sans avoir mémorisé grand-chose…) En effet, on peut lire, on peut même être intéressé, et ne pas identifier ni mémoriser l'articulation des arguments ou les grands faits significatifs. La « fiche de lecture » est donc un travail post-lecture d'extraction de la substance d'un document, de clarification, de « digestion », et de conservation des éléments principaux.

2) Il nous est tous arrivé d'avoir lu un livre emprunté en bibliothèque, et quelque temps après, de vouloir retrouver un chiffre, un tableau, une citation. Malheureusement, il s'avère souvent dans ce cas-là que le coût en temps pour retrouver le document, le réemprunter, retrouver le chiffre ou la citation dans le livre, est disproportionné.

3) Une troisième raison est la nécessité de conserver les coordonnées précises (référence bibliographique) d'un document que l'on sera peut-être amené à citer ultérieurement. Combien d'étudiants en fin de mémoire ou en fin de thèse perdent un temps fou à retrouver un document dont ils n'avaient pas noté les références précises !

1.3 读书笔记

"他对读到的任何东西都做了摘录，并写上自己的思考，而后将其搁置一旁，再没看过。同往常一样，他令人美慕的记忆力让他丝毫不忘记所记下的东西。然而只有书写才得以让这些东西被永久地镌刻下来。"

丰特奈尔《向莱布尼兹致敬》

• 为什么要做读书笔记？

阅读书籍、文章以及其他形式的材料当然是必不可少的，但这却是不够的，还需要做一些读书笔记，原因主要有下面四个：

1）我们经常发现一些同学在阅读之后脑中空空如也。（我们也发现有些同学走出阶梯教室时所记住的东西寥寥无几。）其实，我们在阅读时（甚至包括我们对内容还很感兴趣的时候），很可能并未弄清楚、也没记住论证过程或关键点。做阅读笔记便是阅读后对材料进行提炼，阐明、消化并吸收要点的过程。

2）在阅读完从图书馆借来的一本书之后的一段时间，我们经常还会需要从中查找一个数据、一张表格或一段引语。但不幸的是，要再次找到那本资料、借出来并找到书中的数据或引语，常常耗时巨大。

3）留存资料的详细信息（图书索引）很有必要，因为我们将来可能会再次使用这份资料。有多少学生在写论文的最后阶段又花费大量的时间再次寻找那些当时没有记下的信息啊！

4) Enfin une autre raison est la possibilité de s'échanger des fiches de lecture entre étudiants (à condition qu'elles soient bien faites !) : c'est ce qu'ont commencé à faire les différentes promotions du Master 2 « Conduite de Projet de Développement Territorial » de l'Université de Grenoble, qui mutualisent des « fiches de lecture » depuis trois ans en alimentant une petite base de données interne. Celui qui démarre sur un sujet peut ainsi identifier rapidement des livres ou articles pertinents à lire, alors qu'une base de données bibliographiques ne lui donnera que des titres dont il est parfois difficile de deviner le contenu effectif.

• Structure type de la « fiche de lecture »

La « fiche de lecture » devra faire deux pages (un recto/verso) pour n'être ni trop courte ni trop longue. Ces deux pages peuvent porter sur un article ou un chapitre de livre.

Elle devra aussi contenir les rubriques suivantes :

▲ **La référence bibliographique exacte, précise, conforme aux normes**
Ouvrages : NOM, Prénom, *Titre de l'ouvrage en italique*, ville d'édition, éditeur, année entre parenthèse, nombre de pages.
Articles : NOM, Prénom, « Titre de l'article », *Nom de la revue en italique*, n°x, mois, année, p. x à y.
De plus en plus souvent, à la manière anglo-saxonne, l'année entre parenthèse est mise juste après le prénom.

▲ **La nature du document**
S'agit-il d'une thèse, d'un rapport, d'un ouvrage de vulgarisation, d'un dossier, d'un document interne émanant d'une entreprise ou d'une administration ?

▲ **Le résumé en 10 lignes**
Il est indispensable pour retrouver vite « de quoi ça parle », quel est le contenu du document.

▲ **Les « idées forces », les principaux arguments**
Il s'agit ici d'identifier clairement la nature de l'argumentation et les principaux arguments avancés par l'auteur. En effet, il ne suffit pas de retenir l'idée : dans un mémoire ou une thèse on va souvent reprendre – que ce soit pour les appliquer ou pour les critiquer – les arguments ou étapes d'un raisonnement d'un auteur.

4）学生之间可能会相互交流读书笔记（前提是读书笔记做得好）：格勒诺布尔大学区域发展项目管理专业的研二学生已经开始了这项工作。三年来，他们构建了一个小型的内部数据库，共享读书笔记。开始对某一主题进行探究的同学可以从中快速找到合适的书籍或文章进行阅读，而参考文献数据库只会给出一些书的题目，其实际内容有时难以猜测。

• 读书笔记的典型结构

读书笔记的篇幅以两页（正反面）为宜。可针对一篇文章或书中的某个章节做读书笔记。

它应包含以下条目：

▲ 准确、详细、规范的书目信息

书籍：作者姓名、书名（标题为斜体）、出版城市、出版社、出版日期、总页数。

文章：姓名、文章标题（标题为正体，两端加引号）、期刊名称（斜体）、期数、月份、年份、x页至y页。

人们越来越多地采用益格鲁–撒克逊式的做法，即将年份放在括号中，紧随姓名之后。

▲ 材料的性质

博士论文、报告、宣传文章、档案、企业或政府内部文件……

▲ 用十行概括大意

若需要快速弄明白材料的内容，即它在"讲什么"，概述必不可少。

▲ 主旨及主要论据

在此需弄明白论述的性质以及作者所提出的主要论据。事实上，仅仅记住文章大意是不够的：不管是为了使用还是对其进行批判，写论文经常需要引述作者的论据以及推理过程。

▲ Les chiffres clés ou les faits marquants

Chaque lecture doit être l'occasion de repérer tel ou tel chiffre, tel ou tel fait rapporté par l'auteur, à la fois pour s'informer sur le réel, retenir des ordres de grandeur, et pour pouvoir si besoin citer ce fait ou ce chiffre (ou tableau de chiffres).

▲ Les citations à retenir

Au cours d'une lecture, on est frappé par une phrase forte, un propos clair, une définition, une conclusion, une interrogation que l'on veut noter parce qu'elle est particulièrement bien exprimée, ou très synthétique et très représentative du propos de l'auteur. Il convient de la recopier très exactement, entre guillemets et en italique, avec indication de la page, ce qui permettra peut-être un jour de la retrouver très rapidement si besoin, et de pouvoir la citer.

▲ Une appréciation critique

Cette appréciation doit être portée à deux niveaux très différents : sur le fond du problème abordé ; sur le document lui-même : est-il clair, convaincant, original…

▲ Quelques mots-clés

Ces mots-clés sont des mots permettant d'identifier le contenu du document, et donc de pouvoir facilement effectuer une recherche rapide, en particulier en cas d'informatisation de ces fiches de lecture.

 Exemple de fiche de lecture

XXXXX Frédéric – M 2 DEE – 2011/12

FICHE DE LECTURE

Références bibliographiques
Auteur : Élisabeth XXX **Titre :** *L'entreprise verte*
Edition : Village Mondial, 2002 **Nombre de pages :** 49

Nature du document
Le chapitre 4 « Repenser les produits et les process » de l'ouvrage présente l'évolution du concept de design, les modifications de l'appareil productif qu'il impulse et décrit quelques exemples d'application dans des domaines variés.

▲ **关键数据或重要事实**

我们应当抓住每次阅读的机会标记作者提到的某个数据、某个事实，既是为了了解实际情况、掌握相关的数量信息，也是为了日后需要时能够引用此处的事实、数据或图表。

▲ **需要记住的引语**

在阅读时，我们会被一个很有冲击力的句子、一段清晰的言辞、一个定义或是某个结论、质疑所触动，并希望记下来，因为它表达到位、语言精练，尤其能够代表作者的立场。这时就需要将其原封不动地记录下来，使用斜体，两端加上引号，并写上页数，以便日后快速找到并进行引用。

▲ **批判性评述**

赏析应该在两个层面进行：针对所提到的问题本质；针对材料本身——它是否清晰、有说服力、独具一格……

▲ **几个关键词**

这些关键词便于识别材料内容，进行快速查询，尤其适用于电子版的读书笔记。

📖 **读书笔记示例**

XXXXX Frédéric – M 2 DEE – 2011/12

FICHE DE LECTURE

Références bibliographiques
Auteur : Élisabeth XXX
Edition : Village Mondial, 2002

Titre : *L'entreprise verte*
Nombre de pages : 49

Nature du document
Le chapitre 4 « Repenser les produits et les process » de l'ouvrage présente l'évolution du concept de design, les modifications de l'appareil productif qu'il impulse et décrit quelques exemples d'application dans des domaines variés.

Résumé

La réflexion sur le rapport entre l'objet et l'humain, qui **confère au design et à la production industrielle une dimension humaniste** de progrès vers un monde meilleur, date des années 1950. Jacques Viénot avait énoncé treize lois (économie des moyens et des matières, harmonie entre apparence et emploi, loi de satisfaction relative à la beauté utile…) mettant en évidence le design comme un **acte politique**, avec une mission de parfaire les objets selon la croyance que leur utilité est à la fois la source et la conséquence de leur beauté.

Cette visée **a perdu de sa dimension humaine dans les années 80** pour ne se réduire qu'à sa seule expression esthétique.

Mais la réflexion du **développement durable renoue avec l'origine du concept en apportant de nouvelles lois** (moindre influence sur le milieu naturel, substitution du service au produit, bio-design des formes…). Cette redéfinition du design et de ses responsabilités s'étend à divers domaines (comme la conception industrielle, des services ou encore l'architecture responsable) pour construire **l'écologie industrielle**.

Idées principales

Limiter les « externalités » négatives, encourager les « externalités » positives de l'objet :

- ▲ en se posant la question de sa raison d'être ;
- ▲ en envisageant toutes les conséquences de son processus de production ;
- ▲ en considérant les impacts de son achat puis de son utilisation ;
- ▲ en prolongeant sa durée de vie et en anticipant sa fin de vie ;
- ▲ en multipliant les impacts positifs sur l'environnement ;
- ▲ à travers le bio-design, s'inspirer de la nature pour que la forme découle de la fonction.

Des modes de production responsables pour une prochaine révolution industrielle :

- ▲ dépasser l'idée de l'éco-efficacité (produire plus avec moins de matières premières, d'énergie…) ;
- ▲ repenser globalement le système industriel en lui appliquant les modèles cycliques de la nature et en s'inspirant du fonctionnement des écosystèmes naturels ;
- ▲ étudier les métabolismes naturels, les imiter ou s'en inspirer pour imaginer des solutions nouvelles de conception ou de production (bio-imitation) ;
- ▲ arriver à ce que les déchets d'une industrie constituent les ressources d'une autre industrie.

Résumé

La réflexion sur le rapport entre l'objet et l'humain, qui **confère au design et à la production industrielle une dimension humaniste** de progrès vers un monde meilleur, date des années 1950. Jacques Viénot avait énoncé treize lois (économie des moyens et des matières, harmonie entre apparence et emploi, loi de satisfaction relative à la beauté utile…) mettant en évidence le design comme un **acte politique**, avec une mission de parfaire les objets selon la croyance que leur utilité est à la fois la source et la conséquence de leur beauté.

Cette visée **a perdu de sa dimension humaine dans les années 80** pour ne se réduire qu'à sa seule expression esthétique.

Mais la réflexion du **développement durable renoue avec l'origine du concept en apportant de nouvelles lois** (moindre influence sur le milieu naturel, substitution du service au produit, bio-design des formes…). Cette redéfinition du design et de ses responsabilités s'étend à divers domaines (comme la conception industrielle, des services ou encore l'architecture responsable) pour construire l'**écologie industrielle**.

Idées principales

Limiter les « externalités » négatives, encourager les « externalités » positives de l'objet :

- ▲ en se posant la question de sa raison d'être ;
- ▲ en envisageant toutes les conséquences de son processus de production ;
- ▲ en considérant les impacts de son achat puis de son utilisation ;
- ▲ en prolongeant sa durée de vie et en anticipant sa fin de vie ;
- ▲ en multipliant les impacts positifs sur l'environnement ;
- ▲ à travers le bio-design, s'inspirer de la nature pour que la forme découle de la fonction.

Des modes de production responsables pour une prochaine révolution industrielle :

- ▲ dépasser l'idée de l'éco-efficacité (produire plus avec moins de matières premières, d'énergie…) ;
- ▲ repenser globalement le système industriel en lui appliquant les modèles cycliques de la nature et en s'inspirant du fonctionnement des écosystèmes naturels ;
- ▲ étudier les métabolismes naturels, les imiter ou s'en inspirer pour imaginer des solutions nouvelles de conception ou de production (bio-imitation) ;
- ▲ arriver à ce que les déchets d'une industrie constituent les ressources d'une autre industrie.

La dématérialisation, seuls deux types de produits sont possibles :

▲ les produits organiques conçus pour retourner à la nature sans dommage ;
▲ les produits techniques, ne pouvant pas retourner à la terre, élaborés comme des produits de services.

Une nouvelle forme d'habitat à travers l'éco-architecture :

▲ économiser les ressources naturelles dans la production des matériaux et en tenant compte des impacts écologiques tout au long de la vie du bâtiment ;
▲ prendre en compte l'ensemble du cycle de vie des infrastructures pour en évaluer les impacts environnementaux ;
▲ combiner les considérations écologiques avec les considérations sociales et humaines.

Chiffres clés

– Quelques exemples de l'efficacité de l'écologie industrielle :
L'investissement initial de 75 millions de dollars, sur le site de Kalundborg au Danemark, s'est traduit par des économies cumulées de 160 millions (15 millions par an) grâce à une meilleure gestion des déchets industriels.
Les tissus de Design Tex sont 100% compostables et biodégradables.
Xeros récupère et réutilise plus de 60% de ses cartouches (1,2 millions d'unités), 90% de ses produits sont réutilisables. En 1998, la firme a économisé 20 000 tonnes de déchets.

– De la nécessité de repenser notre architecture :
Dans les pays industrialisés, 50% de l'énergie consommée vient des bâtiments, plus de 80% de cette consommation est liée à leur utilisation.

Citations

« *Nous devons tirer nos règles de comportement du monde naturel. Nous devons respecter, avec l'humilité des sages, les limites de la nature et le mystère qu'elles cachent, en reconnaissant qu'il y a quelque chose dans l'ordre du vivant qui dépasse très évidemment toute notre compétence.* » Vaclav Havel

« *...si votre produit est lui-même toxique, alors arrêtez de le fabriquer ! Ne vous contentez pas de le rendre moins polluant – réinventez-le.* » Bill McDonough

La dématérialisation, seuls deux types de produits sont possibles :

▲ les produits organiques conçus pour retourner à la nature sans dommage ;
▲ les produits techniques, ne pouvant pas retourner à la terre, élaborés comme des produits de services.

Une nouvelle forme d'habitat à travers l'éco-architecture :

▲ économiser les ressources naturelles dans la production des matériaux et en tenant compte des impacts écologiques tout au long de la vie du bâtiment ;
▲ prendre en compte l'ensemble du cycle de vie des infrastructures pour en évaluer les impacts environnementaux ;
▲ combiner les considérations écologiques avec les considérations sociales et humaines.

Chiffres clés

– Quelques exemples de l'efficacité de l'écologie industrielle :
L'investissement initial de 75 millions de dollars, sur le site de Kalundborg au Danemark, s'est traduit par des économies cumulées de 160 millions (15 millions par an) grâce à une meilleure gestion des déchets industriels.
Les tissus de Design Tex sont 100% compostables et biodégradables.
Xeros récupère et réutilise plus de 60% de ses cartouches (1,2 millions d'unités), 90% de ses produits sont réutilisables. En 1998, la firme a économisé 20 000 tonnes de déchets.

– De la nécessité de repenser notre architecture :
Dans les pays industrialisés, 50% de l'énergie consommée vient des bâtiments, plus de 80% de cette consommation est liée à leur utilisation.

Citations

« *Nous devons tirer nos règles de comportement du monde naturel. Nous devons respecter, avec l'humilité des sages, les limites de la nature et le mystère qu'elles cachent, en reconnaissant qu'il y a quelque chose dans l'ordre du vivant qui dépasse très évidemment toute notre compétence.* » Vaclav Havel

« *...si votre produit est lui-même toxique, alors arrêtez de le fabriquer ! Ne vous contentez pas de le rendre moins polluant – réinventez-le.* » Bill McDonough

Cette démarche suppose l'entreprise comme force de changement, fondant son projet de départ sur une utilité et une distinction particulière. Si cette démarche peut-être possible pour des structures nouvelles sur des marchés porteurs, pour celles ayant un poids financier suffisant, ceci est beaucoup plus difficile pour la société de taille réduite sur un marché traditionnel voulant revoir sa façon de produire.

Alors se pose la question de savoir comment la sphère politique pourra participer et prolonger cette nouvelle manière de produire et de consommer.

Mots-clés

Éco-design, éco-efficacité, écologie.

Appréciations personnelles

Cette démarche suppose l'entreprise comme force de changement, fondant son projet de départ sur une utilité et une distinction particulière. Si cette démarche peut-être possible pour des structures nouvelles sur des marchés porteurs, pour celles ayant un poids financier suffisant, ceci est beaucoup plus difficile pour la société de taille réduite sur un marché traditionnel voulant revoir sa façon de produire.

Alors se pose la question de savoir comment la sphère politique pourra participer et prolonger cette nouvelle manière de produire et de consommer.

Mots-clés

Éco-design, éco-efficacité, écologie.

1.4 LA NOTE DE SYNTHÈSE (DE TYPE UNIVERSITAIRE)

Depuis Descartes, chacun sait que le savoir procède par analyse et synthèse. **L'analyse** va décomposer le réel en un grand nombre d'éléments que la **synthèse** va devoir recomposer.

La production de notes de synthèse fournit à l'étudiant des matériaux clairs, facilement accessibles, lui permettant de retrouver aisément des concepts, notions ou méthodes. S'il a produit (et partagé avec ses camarades) de nombreuses notes de synthèse, cela lui permettra de retrouver, au moment où il en a besoin, l'essentiel sur le concept ou la méthode en question.

Enfin, dans le cadre d'un séminaire de recherche, la présentation mutuelle de notes de synthèse permet au groupe de bénéficier d'une richesse d'apports sous un format condensé.

Le plan-type que nous préconisons est le suivant (étant entendu qu'il peut et doit être adapté au cas d'espèce) :

• Définition

Une définition claire, concise et rigoureuse du concept, de la notion ou de la méthode s'impose en début de note. Elle cerne l'objet étudié, en clarifie les contours, et elle réduit les malentendus liés à des définitions vagues et floues.

• Origine

Les concepts et les méthodes ne tombent pas du ciel : ils ont une histoire, ils naissent dans un milieu donné pour analyser ou résoudre un problème donné. Ils sont donc inscrits dans un contexte, et la connaissance de ce contexte est nécessaire pour une bonne compréhension. Beaucoup d'erreurs sont dues à l'utilisation de concepts ou de méthodes « coupés de leur contexte »… !

• Contenu

Ayant défini l'objet étudié, et ayant situé le contexte de son origine, il convient alors d'en expliciter le contenu. Les différentes dimensions du concept sont explorées ainsi que les relations ou différences avec les concepts voisins.

Les différentes étapes d'une méthode sont explicitées, tant pour leur contenu que pour l'enchaînement des étapes.

1.4 归纳式综述（大学适用类）

自笛卡儿时代起，人们就已经深知"知识源于分析与归纳"这一道理。**分析**是将认知对象分解为诸多要素，而**归纳**则是将众多知识要素进行重组。

归纳式综述是一种清晰且又方便查阅的材料，撰写归纳式综述能让你轻松地找出概念、理论与方法。如果你能够坚持撰写很多的归纳式综述（并与同学一起分享成果），那你就能在有需要的时候迅速地找到相关的中心概念和解决方法。

并且，在讨论和研究课题时，归纳式综述的共享可以让研讨小组拥有一份丰富又精练的文档资源。

我们建议的提纲样本包括如下内容（当然，也可以结合实际情况对其进行调整）：

● **定义**

在归纳式综述开头对知识点做出简明扼要、精确严谨的定义，该定义主要围绕研究主体勾勒出一个清晰的轮廓，同时该定义也可以减少长篇累牍的阐述和含糊不清的定义所带来的误解与盲点。

● **来源**

概念与方法上的知识点都有其自身的历史，产生于一个特定的环境以解决特定的问题，故而有着特殊的背景，而对其背景的掌握对于理解这些知识点来说是不可或缺的。许多错误都归咎于运用这些知识时脱离了其产生的背景。

● **内容**

在完成定义、确定了起源背景之后，接下来就需要阐述内容了。在这里主要阐述的是主体概念的各个主要层面以及它和邻近概念之间的关联与区别。

同时，对于某一方法的阐述应该面面俱到，内容和各层级之间的衔接关系都应表明。

• Intérêt et utilisation

Qu'il s'agisse d'un concept ou d'une méthode, il convient alors d'en montrer l'intérêt et de recenser ou d'explorer ses principales utilisations effectives ou potentielles. Ceci sera illustré par deux ou trois exemples d'application.

• Limites

Ce point permettra de montrer les limites du concept ou de la méthode. On montera ce que le concept peut avoir de réducteur, ce que la méthode va ignorer/ne pas prendre en compte. Si possible on illustrera par des exemples les cas où le concept ou la méthode sont manifestement inadaptés.

• Débats

L'économie n'étant pas une « science exacte », mais un champ où s'affrontent plusieurs paradigmes, il y a peu de concepts ou de méthodes qui ne donnent pas lieu à débat. Ces débats seront rapidement présentés en en montrant les raisons et les enjeux.

• Appréciation personnelle

La note de synthèse de type universitaire doit se terminer par une appréciation personnelle, une prise de position, une évaluation de l'intérêt et des limites du concept ou de la méthode.

• Sources

Sont enfin présentées les sources à partir desquelles vous avez travaillé, et sont données les références bibliographiques (précises et « aux normes ») permettant au lecteur qui voudrait approfondir de s'orienter.

• Mots-clés

Ce sont les 7 ou 8 mots qui permettent de trouver cette fiche en cas d'interrogation par mot-clé (par exemple sur Dokéos[1] ou une autre plate-forme pédagogique).

---

① Site Web : http://www.dokeos.com.

• 意义与用途

无论涉及的是概念还是方法，都应呈现其意义，并列出实际的或潜在的用途，最好能用两到三个例子来说明。

• 局限性

在此需要阐明概念或方法的局限性。概念在诠释过程中可能会被削弱，应用方法也会有未能虑及的地方。如果可能的话最好附上几个概念或方法明显不适用的实际案例。

• 辩论

经济学并非一门精确的科学，而是一个包含诸多变量的领域，大多数经济学理论都会给人留下辩论的空间，阐明理论的个中理由和利害关系便可即刻引发讨论。

• 个人评述

归纳式综述（大学适用类）应该以个人的评价来收尾，其中包括个人观点以及对概念或方法的用途与局限的评价。

• 文献来源

为了方便读者进行深入的学习，请在最后附上你所使用的文件与数据的来源，并给出准确且符合标准的参考文献。

• 关键词

标明七八个关键词，便于进行文章查阅（比如在Dokéos[1]或者其他教学平台上）。

---

[1] 网址：http://www.dokeos.com。

• Longueur

Le format « deux pages » à trois avantages :

▲ Il oblige le rédacteur à être très synthétique et donc à faire un véritable effort de synthèse.

▲ Il permet d'être aisément « lu » et pas seulement « stocké ».

▲ Il permet de retrouver très vite les principaux éléments.

Cela étant, le format « 4 pages » est aussi un bon format utilisé dans des séminaires de recherche.

● 长度

两页的格式有如下优势：

▲ 它要求写作者思维高度概括，真正地做出归纳。

▲ 方便阅读而不是让读者将其束之高阁。

▲ 便于迅速地找出要点。

四页的格式在研讨会上也是一个不错的选择。

1.5 LA NOTE DE SYNTHÈSE (DE TYPE CONCOURS)

Dans un examen, on pourrait vous demander de rédiger une note de synthèse à partir d'un dossier documentaire fourni.

Pourquoi la note de synthèse ?

En grec ancien, le mot « *synthesis* » signifie « poser ensemble ». Il s'agit donc d'analyser d'abord puis de résumer, de manière organisée et problématisée (c'est-à-dire permettant de répondre à la question demandée), les informations essentielles contenues dans un dossier composé d'un ensemble de documents multiples et variés (textes, graphiques, tableaux statistiques, schémas, dessins humoristiques…) ; et cela d'une manière neutre, la plus objective possible, c'est-à-dire sans interprétation ni opinions personnelles, sauf invitation explicite contraire.

En effet, si pour les concours[1], la règle générale est la neutralité complète du rédacteur de la note de synthèse, alors que les travaux demandés en contrôle continu[2] par certains enseignants demandent explicitement à la fois d'enrichir le dossier par vos apports personnels ainsi que de porter un jugement, en général en conclusion, sur les arguments des auteurs du dossier.

La note de synthèse est d'abord une pratique professionnelle fréquente : rédiger à l'intention de son supérieur hiérarchique ou d'un collaborateur une synthèse d'un dossier long et complexe qu'il n'a pas lui-même le temps d'étudier.

C'est aussi une épreuve académique classique qu'on retrouve dans de nombreuses formations universitaires, examens ou concours, en raison des qualités qu'elle suppose et des compétences qu'elle permet d'évaluer.

En effet, c'est un exercice formateur et un mode d'évaluation fiable : d'abord de la capacité à bien analyser des documents divers (c'est-à-dire à bien les comprendre), ensuite de savoir les synthétiser de manière rigoureuse (savoir extraire l'essentiel, et cela respectant le plus objectivement possible la pensée des auteurs des documents), enfin de la capacité d'expression écrite (savoir restituer les idées, tout en les reformulant pour les condenser, de manière claire et rigoureuse, dans un vocabulaire riche et précis).

---

[1] Examen où ne sont admis qu'un nombre limité et déterminé à l'avance de candidats, qui, après classement, obtiennent une place, un prix, un titre (définition Larousse). Par exemple : pour entrer dans les grandes écoles ou pour entrer dans la fonction publique, les étudiants sont d'abord sélectionnés par des épreuves écrites, puis par des épreuves orales.

[2] Voir 2.1 C.

归纳式综述（考试适用类）

考试时，你可能需要根据试卷上提供的资料撰写综述。

为什么要写综述？

在古希腊语里，synthesis一词意为"放到一起"。写综述首先需要对一系列不同形式的资料（文字、图表、统计表格、框架图、幽默图画……）组成的文档进行分析，然后对这些资料的中心思想做出条理清晰、切中问题实质的总结；撰写时需要保持中立、尽可能客观，也就是说不宜展现自己的诠释或个人观点，除非题目明确要求这么做。

事实上，选拔性考试[①]里的综述要求撰写者完全保持中立，而日常测试[②]里，有些老师可能会明确要求学生利用个人的知识积累来丰富这份文档，通常在结论里要求学生对作者在材料中提出的论据进行评价。

撰写综述首先是职场中常见的工作内容：上司或合作伙伴可能并没有时间阅读冗长复杂的资料，这时候就需要撰写综述以代之。

其次，综述也是很多大学课程和考试的典型测试方式，因为撰写综述有一定难度，能够考评应试者的能力和水平。

事实上，它是一种可靠的培训练习和考评方式：首先是考查分析不同资料的能力（即正确理解的能力），然后是精确地整合资料的能力（尽可能保持客观，尊重材料作者的看法，并提炼出要点），最后是书面表达能力（还原观点，并用自己的语言对原文进行概括，表达清楚严谨，用词丰富准确）。

---

① 这种考试中考生的录取名额有限。在笔试之后，考生按照排名先后占得录取席位、获得奖励或者头衔（定义来自拉鲁斯）。例如：进入高等学院或进入公共服务领域前，学生首先要通过书面考试，然后通过口试进行选拔。
② 请参照2.1 C部分。

La note de synthèse : Comment ? Méthode et conseils

Il s'agit de produire, à partir d'un dossier plus ou moins long (de quelques pages à 20 ou 30 pages), et dans un temps plus ou moins contraint (comme épreuve d'examen ou de concours : 2, 3 ou 4 heures), un texte condensé (souvent autour de 10% du volume des documents fournis), clair (reformulé avec vos propres mots), structuré (avec un plan), qui répond à une demande précise (formulée dans le sujet posé).

> **NB :** ce n'est donc pas un simple résumé, car vous devez sélectionner et organiser les informations en fonction de la question posée (en général, elle est explicite. Sinon, il faudra la formuler vous-même). Ce n'est pas non plus une dissertation, car vous devez vous en tenir aux informations du dossier, sans recourir à vos connaissances personnelles ni émettre des jugements de valeur sur les contenus ou les sources.

Il y a deux grands temps (qui prendront chacun environ la moitié du temps imparti) : d'abord l'analyse du dossier, puis la rédaction de la synthèse.

Si c'est une épreuve en temps limité (examen ou concours), la contrainte la plus dure sera de respecter le temps, et ce sera donc une « course contre la montre » qu'il faudra savoir mener à son terme (d'où la nécessité de disposer d'une méthode efficace). Si c'est une note de synthèse que l'on fait chez soi, à rendre plus tard, la contrainte première sera alors de respecter la longueur impartie.

A. L'analyse ou le « décorticage » du dossier — »»

On peut distinguer trois phases successives : d'abord la prise de connaissance du sujet, son analyse précise, ensuite un premier survol du dossier, par une lecture « en diagonale », enfin la lecture active des différents documents, avec la constitution en parallèle du « relevé des idées ».

撰写综述的方法及建议

　　写综述就是基于篇幅不等的材料（从几页到二三十页），在一定的时间内（考试时长为两到四个小时不等）写出一篇精简的文字（通常占原有资料篇幅的百分之十），文字需要表达清晰（用自己的方式表达出来）、组织严密（有架构），并针对具体的要求（即题目中的问题）做出回答。

> **注意**：综述不是简单的概述，因为你需要根据所提问题（通常情况下它都是直接明了的，否则你需要用自己的话提出问题）对信息进行筛选、组织。写综述也不是写论文，因为你只能局限于材料的信息，不可以借助你自己的知识，也不能对材料内容或来源加以评判。

　　写综述所需的时间可分成两大部分（差不多各占一半）：首先是分析资料，然后是撰写综述。

　　如果是有时间限制的测试，难点便在于遵守时间，这种测试就像是一场计时赛，需要按时完成（所以需要掌握有效的方法）。如果是稍后才交的家庭作业，首要限制则是遵照规定的篇幅。

A. 材料的分析或"解剖"　　　　　　　　　　》》》

　　这个过程可以分成三个连续的阶段：首先要了解主题，对其进行准确分析；然后是大致浏览材料，进行快速阅读；最后是认真阅读不同资料，同时创建"观点清单"。

• L'analyse précise du sujet

C'est une phase courte mais cruciale : bien comprendre le sujet posé, afin d'éviter tout « hors sujet ». Il faut donc le lire et le relire, en entourant les mots-clés (et se méfier d'un intitulé qui semble proche d'une question que vous connaissez bien). Et si il n'y a pas de question explicite, ce sera à vous de la trouver au vu de la lecture du dossier et de la formuler, sous forme d'un titre de la synthèse. En tout état de cause, il faudra garder en mémoire cet angle qui permettra tout au long de la lecture du dossier d'y sélectionner les informations jugées pertinentes de ce point de vue.

• Un premier survol du dossier, par une lecture rapide (appelée « en diagonale ») et si possible un premier plan provisoire

Il s'agira ici d'abord de lire seulement les informations mises en relief qui permettront de se faire une idée générale du sujet traité (sommaire des documents du dossier, titres des documents et leur « chapeau », ainsi que les introductions et les conclusions des documents, leurs sources et dates de parution…).

Cela afin de comprendre le sens général de chaque document, de juger de son apport au traitement du sujet (est-ce un document central, ou seulement secondaire ?) et de procéder plus tard à un ordre de lecture en fonction de leur importance. Il s'agira en particulier de repérer si possible un document clé, ou « document pivot », où on retrouve la problématique du dossier ou une bonne partie de ses grandes lignes, et sur lequel on s'appuiera prioritairement, les autres venant « se greffer » sur lui.

À ce stade, il est souhaitable, si possible, de trouver un premier plan, provisoire, qui permettra de faciliter la phase suivante, celle de la seconde (et dernière) lecture des documents, approfondie. En effet, il est fréquent que des plans classiques puissent s'appliquer : *Diagnostic d'une situation critique et remèdes proposés ; Manifestations visibles d'un phénomène et ses causes structurelles plus cachées* ; etc. On pourra faire ce plan sur une page de brouillon.

• La lecture approfondie de chaque document, avec la constitution en parallèle d'un « relevé des idées »

Il s'agit alors de reprendre chaque document, dans l'ordre que vous avez déterminé, pour en extraire la ou les idées essentielles qui viennent alimenter le sujet posé. Pour cela, il faut repérer les mots-clés et les souligner, et entourer les mots charnières qui permettent de retrouver le raisonnement de l'auteur et le plan du texte (*En premier lieu, en second lieu ; En conséquence ; Corollairement ; Cependant ; Pourtant*…). Enfin, au fur et à mesure, on reportera dans un tableau d'ensemble, pour chaque document, le titre qu'on lui donne et la (ou les) phrase(s) clé(s) qui le résume, en les reformulant avec ses propres mots. C'est le relevé des idées qui peut avoir la forme synthétique suivante, sur une feuille double dépliée et seulement en recto :

• 明确分析主题

这一步骤耗时不长，却至关重要：你需要正确理解问题，以避免所有可能的"离题"情况。因此就需要多次阅读问题并圈定关键词（要当心那些看起来类似你所熟知的问题）。而如果没有明确的问题，那就需要你在阅读材料的过程中找到问题，并将其作为综述的标题写出来。无论如何，阅读材料的整个过程中都要记得从问题的角度出发，以便摘取出同这个角度相关的信息。

• 快速阅读材料，尽可能写出一个临时提纲

这时只需要阅读那些重点标注的信息（材料的目录、标题，以及按语、导语、总结、出处和刊登日期……），以对主题有一个整体上的了解。

这个步骤在于弄明白每份资料的大概意思，判断它与整个题目的相关度（是核心的还是次要的资料），以便稍后根据其重要程度依次阅读。理想的情况下，这一步需要找出一份关键资料，或"支柱性资料"，它包含了整个文档的核心问题或重要条目，我们撰写综述时会优先参考这份资料，然后只需要将其他资料"嫁接"到上面。

如有可能，在这一阶段就需要列出一份临时大纲，以便下一阶段对材料进行深度阅读。事实上，我们通常可以使用一些常见的大纲结构：对一个关键局势的评断及其应对办法，一种现象的表象及其隐藏的结构性成因，等等。这个大纲可以写在一页草稿纸上。

• 深度阅读每份材料，与此同时构建一份"观点清单"

这一步需要根据你之前确定的先后顺序重新阅读每份资料，以提炼核心思想，丰富主题内容。为此，你需要找到关键词，在上面画线，然后圈上有助于找到作者论证过程以及文章结构的连词（首先、其次，因此，必然地，然而，但是……）。我们在阅读过程中渐次给每份资料都拟定了题目，并用自己的语言撰写了一些概括性的关键语句。最后，我们就需要将其放进一个总表里。这份观点清单可采取如下形式，写在一张对折过两次的纸的正面：

Document 1	Document 2	Document 3	Document 4	...
-Titre donné (en fonction du sujet) -Phrase(s) de résumé				
-Place des documents dans le plan provisoire (ex. I A, ou II B...)				

Une fois achevé ce gros travail de résumer des idées essentielles des documents du dossier, il s'agit de les mettre en ordre, c'est-à-dire de les regrouper de manière hiérarchisée, en grandes parties et sous-parties, qui contiendront chacune l'argumentaire approprié : c'est la confection du plan détaillé, étape préalable à la rédaction finale de la note de synthèse.

B. Le plan détaillé et la rédaction finale de la note de synthèse ——— ≫

• **La mise au point du plan détaillé**

En effet, soit un premier plan provisoire a déjà été fait, et il s'agit alors de le tester : permet-il de rassembler de manière équilibrée (être d'importance similaire) dans chacune des parties et sous-parties toutes les idées essentielles dégagées ? Si non, il faudra le modifier en conséquence. Et si un plan provisoire n'a pas été déjà fait, il s'agit de passer à cette étape essentielle : structurer toutes ces idées en un plan hiérarchisé (en grandes parties et sous-parties) et équilibré. Ce plan respecte l'architecture générale de celui d'une dissertation : on en présente ici seulement les grandes lignes, et on renvoie pour le détail à la présentation de la dissertation.

▲ **L'introduction.** Celle-ci se compose de quatre éléments, à poser dès cette étape du plan détaillé, car elle va guider la suite de votre réflexion :
1) l'accroche qui pose l'intérêt ou l'actualité du sujet ;
2) la définition des termes du sujet ;
3) la problématique, qui pose les questions soulevées et la manière d'y répondre ;
4) l'annonce du plan, qui permet au lecteur de savoir où vous allez l'emmener.

	材料一	材料二	材料三	材料四	……
- 题目（根据所提问题拟定） - 总结					
- 材料在临时提纲中的位置 （如 I A，或 II B ……）					

　　一旦完成了梳理每份资料核心思想的繁重工作，就需要对其进行排序，也就是说按层级重新组织、划分章节，每个章节都包含相应的论据：这事实上是在拟定详细提纲，也是撰写综述的前提。

B. 详细提纲以及综述的最终撰写 　　　　　　　　　》》

• 敲定详细提纲

　　事实上，如果已经拟好了临时提纲，这时就需要对它进行检验：它是否能够在每部分、每节里平衡（同层级内容重要性相当）地组织所有的主要思想？如果不能，就需要对它进行修改。而如果没有拟定临时提纲，那就需要直接拟定正式提纲：在提纲中把主要思想分级（即划分为部分、小节等）并平衡组织。这个大纲类似于论文的整体架构，但综述里只展示这个架构中最重要的部分，论文里我们可以写出细节。

　　▲ **导语**。导语分成四个要素，需要在写详细提纲时就敲定，因为它们包含的内容会引导你后续的思考：

　　　1）指出文章的意义或时效性的一句吸睛的话；

　　　2）主题中相关术语的定义；

　　　3）主题引发的核心问题以及解答方式；

　　　4）展示文章结构，让读者知道你会将他带到何方。

NB : on pourra aider à bien lire et comprendre la structure du travail en ajoutant des marques physiques du passage de l'introduction au développement par trois étoiles *** ; puis du passage d'une grande partie à une autre par deux étoiles ** ; enfin du passage d'une sous-partie à une autre par une étoile *.

* * *

▲ **Le développement.** Il se compose de deux (ou trois) grandes parties, chacune ayant un titre, avec un numéro explicite ou non (ex. I , II), et une mini-introduction (qui elle-même annonce les sous-parties) ainsi qu'une transition pour annoncer la partie suivante (elle sert au lecteur de « clignotant » qui permet de l'avertir qu'on change de direction).

Titre Partie 1
Introduction qui annonce les deux ou trois sous-parties (jamais une seule, dans ce cas on ne fait pas de sous-partie du tout).

* *

Titre de la sous-partie 1
    1er paragraphe
    ...

    Mini-transition

*

Titre de la sous-partie 2
    1er paragraphe
    ...

Transition entre les deux parties (indispensable)

* *

> **注意:** 为了方便阅读、理解综述的结构，我们可以使用一些分隔符号，导语和论述部分之间可以用"***"隔开；第一部分和第二部分之间可以用"**"隔开；一节和另外一节之间可以用"*"隔开。

* * *

▲ **论述**。论述可分成两个或三个部分，每部分都有一个小标题（可以使用像I、II这样的数字进行标识）。每部分还要有一个简短的导语（介绍这部分包含哪几节内容），以及一个过渡句或过渡段，以预告下一部分的内容（它就像是转向灯一样通知读者我们要转向了）。

第一部分的标题

导语，展示本部分含有的几节（永远都不能只有一节，否则我们就不需要分节了）。

* *

第一节的标题

    第一段

    ……

    过渡句 / 段

*

第二节的标题

    第一段

    ……

    两部分之间的过渡句 / 段（必不可少）

* *

Titre Partie 2
Introduction qui annonce les deux ou trois sous-parties

* *

Titre de la sous-partie 1
    1er paragraphe
    ...
    Mini-transition

*

Titre de la sous-partie 2
    Texte

* *

Le développement, comme son nom l'indique, permet de déployer la suite logique des arguments du dossier, en les restituant de manière rigoureuse, c'est-à-dire sans déformation ni altération : vous devez respecter les idées des auteurs, sans les interpréter selon vos grilles de jugement (sauf si on vous y a invité de manière explicite à émettre vos propres conclusions, et en ce cas, il faut le faire en conclusion du devoir...).

▲ **Conclusion.** Elle doit être organisée en deux parties, à prévoir dès cette étape du plan détaillé (même si souvent vous devrez plus ou moins la reformuler lors de la dernière étape de la rédaction finale) :

1) Elle doit être récapitulative, c'est-à-dire résumer les principaux points de la note, avec des mots et formules différents (pour éviter les « redites ») et en établir un bilan final ;
2) Elle doit être prospective, c'est-à-dire déboucher sur une ouverture sur une autre grande question connexe (pour montrer que vous n'avez pas épuisé l'exploration de ces questions complexes...).

第二部分的标题

导语，展示本部分含有的两三节

＊ ＊

第一节的标题

    第一段

    ……

    过渡句 / 段

＊

第二节的标题

    文字

＊ ＊

　　论述，顾名思义，在于展示所有材料的逻辑论据，将其忠实地再现出来，也就是说不可被歪曲、篡改：你需要尊重作者的观点，不可用自己的评判标准进行阐释（除非题目明确要求你写出自己的结论，而且在这种情况下，个人评判需写在结语里）。

▲ **结语**。结语应该分成两部分，在写详细提纲的阶段就需要规划好（尽管在最终下笔的时候，经常需要或多或少地重新组织）。这两部分的组织思路如下：

1）它应当是概括性的，也就是说能够总结一篇综述的核心点，但需要使用不同的词（以避免重复），并建立一个最终的小结；

2）它需要进行展望，也就是说延展到另外一个大的相关问题上（以表明你并没有对这些复杂的问题穷尽探索）。

Une fois terminé ce gros travail incontournable à faire au brouillon, il s'agit alors de passer directement, « au propre », à la rédaction finale (car, sinon, vous n'aurez pas le temps de recopier vos feuilles de brouillon).

• La rédaction finale

Cette dernière étape va fournir le produit final : elle est donc aussi longue que cruciale. Il faudra impérativement la démarrer dès la seconde moitié du temps imparti et en soigner tant la présentation physique (écriture lisible, avec retrait de paragraphes et sauts de lignes) que le style. À ce titre, il convient de recourir au style indirect en se référant souvent à l'auteur ou au texte, avec des verbes énonciatifs (ex. « *l'auteur soutient la thèse que…* » ; « *le graphique du document n°3 incite à réfuter l'idée courante que…* », etc.) et en s'appuyant sur des citations significatives (donc peu nombreuses).

• La relecture terminale

Il faut prévoir quelques minutes (5 ou 15 selon la longueur du travail) pour vérifier la pagination de votre travail et corriger les fautes d'orthographe ou de grammaire. Le non-respect de cette exigence formelle peut amener le correcteur à vous sanctionner sévèrement, et donc à pénaliser tous vos efforts sur le fonds… ce qui serait tellement dommage !

Exemples de note de synthèse d'un dossier

Par-delà le cadre classique exposé ci-dessus, il existe des variantes selon les établissements ou selon les enseignants.

Ici, nous vous proposons un exemple un peu atypique par rapport au modèle général : il est donné dans le cadre du concours à l'accès aux grandes écoles de commerce. Cette épreuve assez spécifique tolère une architecture un peu simplifiée par rapport à la norme habituelle : on remarquera ici que la note proposée ne comporte que trois grandes parties, sans introduction ni conclusion, ni sous-parties.

一旦这项庞大却又必须要做的工作在组织草稿期间完成，就到了最后撰写的阶段（否则，你就没有时间誊写草稿了）。

● 最终撰写

　　最后这一步既费时又意义重大，因为它将会产生成品。为此，在考试时间过半时就必须开始写了，写的时候需要兼顾到形式（字迹清楚、注意首行缩进和分行）与风格。在这一点上，比较合适的方法是借鉴作者或文字的风格，使用一些陈述词（例如"作者支持……的论断"、"第三份材料的图表驳斥了……的常规看法"等等），以及少而精地引用一些内容。

● 通读检查

　　需要预留几分钟（根据文字长短，可能需要5到15分钟）用来检查页码、修改拼写或语法错误。不遵守形式要求可能导致严重失分，由此殃及你在内容上所做的努力，那就太可惜了！

🖫　一份资料的归纳综述示例

　　除了上面列出的典型结构，根据学校或老师的不同要求，归纳式综述还有其他一些形式。

　　在这里，我们给出了一个不同于常用结构的非典型例子：它是高等商学院选拔性考试中的一个综述题目。这种比较特殊的测试允许使用比常规标准要简单一些的结构：我们会发现，这里的综述只包括三个部分，没有导语也没有结语，甚至没有分节。

Le dossier est à consulter en ligne[1].

Nous vous donnons ici la synthèse sous forme d'un résumé au 1/10.

Étude et synthèse de textes : concours ESCP-EAP[2]

Durée de l'épreuve : 4 H, année 2009.
Consigne : Vous présenterez, en 300 mots (tolérance de 10% en plus ou en moins) une synthèse des trois textes ci-après, en confrontant, sans aucune appréciation personnelle et en évitant autant que possible les citations, les divers points de vue exprimés par leurs auteurs.

PROPOSITION DE CORRIGÉ

Quel rôle des élites dans la société : contestataires ou conservatrices ?
I. Comment les élites contemporaines sont-elles composées ?
Christopher Lasch désigne une bourgeoisie aisée *(upper middle class)* associant décideurs économiques et professions intellectuelles. Durkheim parle seulement des intellectuels, qu'il distingue des hommes politiques – penseurs et savants n'ayant pas, selon lui, vocation à devenir parlementaires ou ministres. Marcel Gauchet souligne que l'Europe et la mondialisation favorisent une évolution oligarchique des élites formant la classe dirigeante.
II. Quelle est la fonction des élites au sein de la société ?
Le rôle des intellectuels selon Durkheim est de conseiller les dirigeants et d'éclairer l'opinion publique. Marcel Gauchet partage cette vision : les élites devraient formuler des perspectives d'avenir pour l'ensemble de la société, faute de quoi cette dernière tombe dans une dépression collective. Pour Christopher Lasch, les élites américaines se contentent de vouloir imposer leur mode de vie, fondé sur l'hygiénisme et le moralisme, à l'ensemble de la société. Ne croyant plus aux valeurs de la civilisation occidentale, elles n'assument plus la mission que leur assignait Ortega dans *La Révolte des masses* : porter une exigence morale.
III. Les élites sociales sont-elles naturellement libérales et progressistes ?
Dans la conception républicaine, héritée des Lumières, qui est celle de Durkheim, les intellectuels prolongent le combat de la Révolution française contre l'Ancien Régime en soutenant la politique anticléricale. Mais Marcel Gauchet montre que les élites françaises, qu'il s'agisse des hauts fonctionnaires libéraux ou des opposants d'extrême-gauche, perpétuent des attitudes autoritaires héritées de la tradition monarchique, aristocratique et cléricale. De la même façon, Christopher Lasch souligne que les élites libérales, opposées à la mentalité conservatrice des milieux populaires, ne supportent pas la contradiction : leur intolérance et leur condescendance se révèlent alors. La gauche progressiste n'a plus d'autre ambition, à la fin du XXe siècle, que de revendiquer l'égalité des chances pour tous dans l'accès aux positions dominantes.

---

[1] Voir le site : https://editionscampusouvert. wordpress. com/complements-aux-livres/.
[2] École Supérieure de Commerce de Paris + École des Affaires de Paris = *European School of Management*.

请上网查询资料①。

此处以简述的形式给出综述，相当于原文 10% 的篇幅。

对文字的分析与综述：ESCP-EAP② 选拔性考试

考试时间： 4 小时，2009 年。

要求： 请以 300 字（允许篇幅增减 10%）左右的长度为标准，以下面的 3 篇文字为基础撰写综述，将不同作者的观点进行对照，不可进行个人评判，尽可能避免引用。

参考答案

精英在社会里的角色：激进派还是保守派?

I. 现代社会精英的构成如何？

克里斯托弗·拉希将精英限定于富裕资产阶级（上层中产阶级），包括经济方面的决策者和知识分子。爱米尔·涂尔干只谈及了知识分子，他将知识分子同政治家做了区分，认为前者无法成为议员或部长。马塞尔·戈谢强调说，欧洲（发展的需要）以及全球化推动了精英的寡头化，令其构成领导阶层。

II. 精英在社会内部起什么作用？

在涂尔干看来，知识分子的角色在于给领导者提供咨询，开启民智。戈谢也同意这一观点：精英需要对整个社会的未来提出展望，否则它会陷入集体衰退之中。而对于拉斯奇来说，美国精英满足于将建立在卫生和道德主义之上的生活方式强加于整个社会。他们已经不再相信西方文明的价值，也就不再担负奥尔特加·加塞特在《大众的反叛》一书中给他们分配的使命：负担起道德的高要求。

III. 社会上的精英是不是天生的自由主义者和进步主义者？

在启蒙运动遗留下来的共和国构想里，知识分子支持反神权的斗争，延续了法国大革命对旧制度的攻击，这也是涂尔干的观点。但是戈谢指出，法国精英，不管是自由主义的高级官员，还是极左的反对派，都保留了从君主、贵族以及神权传统继承而来的专制态度。同样，拉希也强调说自由主义精英与普罗大众保守的思想相反，接受不了相左意见：在冲突面前，他们的不宽容以及优越感就暴露了出来。20 世纪末，进步主义左派的唯一追求就在于争取所有人进入统治位置的机会平等。

---

① 参见网站：https://editionscampusouvert. wordpress. com/complements-aux-livres/。
② 巴黎高等商业学校+巴黎商业学院=欧洲管理学院

1.6 LE COMMENTAIRE DE TEXTE

• Comprendre un texte

Au cours de vos études vous serez amené à lire de nombreux textes : articles, chapitres de livre, cours polycopié, etc. Mais on ne lit pas un texte universitaire de 10, 20, ou 30 pages de la même manière qu'une page d'Internet ou un court article de presse. Il faut de la concentration et de la méthode :

▲ De la concentration, c'est-à-dire du silence (car on ne se concentre pas dans le bruit), du calme (on ne doit pas être interrompu sans arrêt) et du temps (assez pour lire et travailler un texte en entier et ne pas faire ce travail en plusieurs fois).

▲ De la méthode, ce que nous allons exposer maintenant. Nous proposons six étapes.

• Les six étapes de l'analyse d'un texte

▲ Bien identifier le type de texte auquel on a affaire. S'agit-il d'un article scientifique (on parle d'article « académique ») ou d'un article de presse ? D'un chapitre de cours ? D'une étude d'un organisme officiel ? D'un rapport d'une entreprise ? S'agit-il d'un texte de vulgarisation ? D'une étude qualitative ou quantitative ? D'une monographie ?

▲ Bien identifier l'auteur (ou les auteurs), l'institution à laquelle ils appartiennent, sa ou ses fonctions (enseignant ? statisticien ? chercheur ? journaliste ? homme politique ?...).

▲ Bien identifier quand (à quelle date) et dans quel contexte ce texte a été rédigé : s'agit-il d'une étude commandée par le gouvernement ? De la réponse à une critique ? D'une contribution à un débat en cours ? De la production d'un institut de statistiques ? Du point de vue d'une organisation professionnelle ?

▲ Bien identifier le sujet du texte (de quoi parle-t-il ?), la problématique (quelle est la question que se pose l'auteur) et la ou les méthodes employées pour y répondre.

1.6　文字评论

● 理解一段文字

在学习生涯中，你需要阅读大量文字——文章、书的章节、复印的讲义等等。但我们在大学学习中阅读一篇长达几十页的文字的方式不同于阅读网络上的一页文字或一篇新闻稿件，前者需要集中注意力并应用一些方法：

▲ 集中注意力，也就意味着需要安静的氛围（我们无法在嘈杂声中集中注意力）、清静的环境（我们不能被不停地打扰）和充裕的时间（需要有足够的时间一次性完整阅读一篇文字并对其进行研究，而非分几次完成）。

▲ 应用一些方法，也就是我们下面要谈论的。我们建议分为六个步骤。

● 分析文字的六个步骤

▲ 仔细识别需处理的文字的体裁：它是一篇科学类文章（也就是我们说的"学术类"文章），还是一篇报刊文章？是一门课的一个章节、官方机构的一份研究报告还是一篇企业报告？是一篇科普性文章吗？是一篇定性还是定量研究？是一部专著吗？

▲ 看清文字的作者（可能是多名作者）和所在机构、职务（教师？统计员？研究人员？记者？政治家？……）。

▲ 看清文字创作的时间（具体日期）和背景：它是政府要求的一份研究吗？是针对质疑的一篇回应？是为了应答目前正在进行的一场辩论？是统计机构的一个汇报？还是某个职业机构的观点？

▲ 仔细辨认文字的主题（它在谈论什么）、它引发的核心问题（作者提出的疑问）以及作者回答问题所采用的方法。

- ▲ Bien identifier le plan du texte (si celui-ci est apparent ou non) et le type de démonstration : raisonnement logique, preuves empiriques (enquêtes, interviews…) ou tests statistiques, modèle économétrique…
- ▲ Se faire une opinion du texte : l'auteur est-il convaincant ? La démonstration est-elle rigoureuse ? Les preuves fournies sont-elles pertinentes ?

▲ 弄清楚文字的架构（它是否清晰），以及论证方法：逻辑推理、经验实证法（调查、采访等）还是统计学测试或经济学模型？

▲ 对文字做出自己的判断：它是否具有说服力？论证是否严谨？提出的证据是否贴切？

1.7 LE COMMENTAIRE DE DONNÉES CHIFFRÉES

Le commentaire de données chiffrées (le plus souvent un tableau statistique) ou de graphiques est un exercice qui sera le plus souvent une question orale lors d'une séance de travaux dirigés, mais qui peut apparaître aussi lors d'un examen écrit.

Commenter un tableau ou un graphique, c'est de dire clairement l'essentiel des informations que l'on peut y trouver.

• Le commentaire de tableau

Dans le cas du commentaire d'un tableau de données chiffrées, il s'agit de dire sur quoi portent ces données, ce qu'elles permettent de montrer, et les conclusions que l'on peut en tirer. On précisera :

- ▲ L'objet des données et leur provenance (qui les a établies ? Par exemple : l'INSEE en France, la FAO pour le monde…) ;
- ▲ L'unité avec laquelle elles ont été mesurées (des US $, des tonnes…) ;
- ▲ La date ou la période sur laquelle portent ces données (pyramide des âges au 1er janvier 2014, évolution de la production d'acier de 2000 à 2016…) ;
- ▲ La valeur des données (valeurs absolues, brutes : la production d'acier en Chine a atteint x millions de tonnes en 2014, ou en valeurs relatives, en %, ‰) ;
- ▲ Les proportions (la moyenne, le %) et les évolutions caractéristiques de telles ou telles données (la croissance, le maintien au même niveau, la baisse) ;
- ▲ Et enfin, le plus important, les apports intéressants de ce tableau, la synthèse de ce que l'on peut en tirer.

1.7 数据评论

数据（通常是统计表格）或图表评论这种练习经常在小组指导课上以口试的形式出现，但也可能出现在笔试中。

评论一份表格或一张图表就是清晰地讲述我们能从中获得的主要信息。

● 表格评论

评论数据表格时，我们需要说明这些数据所针对的内容，它们能够展示什么，以及我们能从中得出什么结论。需要详细分析的包括如下内容：

▲ 数据的主题和来源（是谁制作的？比如说，法国统计局、联合国粮食及农业组织……）；

▲ 它们的计量单位（美元、吨……）；

▲ 这些数据覆盖的日期或时段（2014年1月1日的年龄金字塔、2000年至2016年的钢铁产量变化……）；

▲ 数据对应的值（绝对值、毛值：如"2014年中国的钢铁产量达到X百万吨"；相对值：以%、‰计算）；

▲ 各项数据的比例大小（平均数、百分比）及其趋势特征（增长、持平、降低）；

▲ 最后，也是最重要的：表格的参考价值，以及我们能从表格中得出什么结论。

Exemple de commentaire de tableau

Le tableau que l'on nous demande de commenter :

Ampleur de la déforestation de la forêt totale 1990-2010 (*Source* : FAO)

Zone	Superficie forestière (1000 ha)			Déforestation sur la période 1990 à 2010	
	1990	2000	2010	Évolution des superficies (1000 ha)	Taux d'évolution en 20 ans
Afrique	749238	708564	674419	−74819	−10,0%
Asie	576110	570164	592512	16402	2,8%
Europe	989471	998239	1005001	15530	1,6%
Amérique centrale	25717	21980	19499	−6218	−24,2%
Amérique du Nord	676764	677083	678961	2197	0,3%
Amérique du Sud	946454	904322	864351	−82103	−8,7%

Le commentaire :

Le tableau ci-dessus rassemble des données relatives à la déforestation dans le monde sur une période de 20 ans (entre 1990 et 2010) et par grandes régions géographiques. Les chiffres fournis, en milliers d'hectares déforestés, permettent de se faire une idée sur l'ampleur de cette déforestation.

Il apparaît clairement que cette déforestation est considérable en Amérique Centrale (−24,2 % en 20 ans), ainsi que, dans une moindre mesure, en Afrique (−10 %) et en Amérique du Sud (−8,7 %).

Bien que la source de la FAO (*Food and Agriculture Organization of the United Nations* – Organisation des Nations Unies pour l'alimentation et l'agriculture) soit fiable, les statistiques en la matière doivent être sujettes à caution pour deux principales raisons :

▲ à partir de quand considère-t-on que la forêt a « disparu » ?
▲ les pays ne déclarent pas très spontanément les déforestations qu'ils ont laissé faire.

Mais ces deux sources d'incertitude vont toutes les deux dans le sens d'une éventuelle minoration de ces chiffres par rapport à la réalité, ce qui signifie qu'il faut considérer ces chiffres comme un minimum.

Quand on connaît le rôle de la forêt dans le cycle de l'eau ainsi que dans celui du carbone et de l'oxygène, il y a là de quoi vraiment s'inquiéter. La déforestation est en effet l'une des principales causes de l'augmentation de l'effet de serre et donc du dérèglement climatique actuel.

以下是我们需要评论的表格：

1990 至 2010 年的森林破坏规模（来源：联合国粮食及农业组织）

地区	森林面积（1000 公顷）			1990 至 2010 年的森林破坏情况	
	1990	2000	2010	面积变化（1000 公顷）	20 年的变化百分比
非洲	749238	708564	674419	-74819	-10.0%
亚洲	576110	570164	592512	16402	2.8%
欧洲	989471	998239	1005001	15530	1.6%
中美洲	25717	21980	19499	-6218	-24.2%
北美洲	676764	677083	678961	2197	0.3%
南美洲	946454	904322	864351	-82103	-8.7%

评论：

以上表格搜集了自 1990 至 2010 的 20 年间世界上各大洲的森林毁坏数据。这些以千公顷计的毁坏面积让我们对森林破坏的严重程度有了一个概念。

很明显，森林毁坏在中美洲很严重（20 年间减少了 24.2 %），其次是非洲（减少 10 %）和南美洲（减少 8.7 %）。

虽然联合国粮食及农业组织的数据来源可信度高，但这些数据的统计仍然需要考查，主要原因有二：

▲ 我们在什么时候（在何种情况下）可以认为森林"消失"了？

▲ 容许毁林的国家不大可能主动申报自己国家的毁林情况。

但是这两个不确定性因素都决定了表格所示的毁林面积可能低于实际情况，也就是说我们应将其视为最小值。

如果我们明白森林在水循环、碳循环和氧循环中的角色，那么这些数据的确令人忧心。森林的破坏事实上是温室效应及现今气候异常现象的主要原因之一。

NB : ce commentaire est organisé : vous y retrouvez dans l'ordre : la présentation du tableau, l'information principale que l'on peut en extraire, une réflexion sur la validité des données, une conclusion.

• Le commentaire d'un graphique

De la même manière que pour un tableau de données chiffrées, le commentaire d'un graphique doit présenter :

- ▲ l'objet de ce graphique (ce sur quoi il porte) ;
- ▲ le mode de représentation de ce graphique (histogramme, graphique circulaire appelé « camembert »…) ;
- ▲ la ou les variables représentées ;
- ▲ la ou les unités dans laquelle/lesquelles sont exprimées les données ;
- ▲ la date ou la période sur laquelle il porte ;
- ▲ la proportion ou l'évolution qu'il illustre ou met en évidence ;
- ▲ en conclusion, les apports intéressants de ce graphique, les enseignements que l'on peut en tirer.

Exemple de commentaire d'un graphique

Le graphique que l'on nous demande de commenter :

Pyramide des âges de la France en 2014

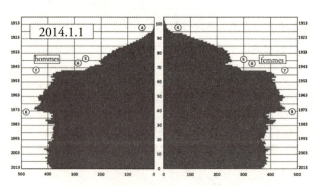

注意: 这份评论是条理清晰的,你可以从中依次找到对表格的介绍、从中得出的主要信息、对数据有效性的考量、结论。

● 图表评论

同数据表格的评论一样,图表评论需要呈现以下内容:

- ▲ 图表的主题(它展示的是什么);
- ▲ 图表的展示形式(直方图、饼状图……);
- ▲ 所呈现的变量;
- ▲ 数据计量单位;
- ▲ 数据针对的日期或时期;
- ▲ 图表所呈现或证明的比例或趋势;
- ▲ 由上所述,总结出此图表的参考价值和我们能从中得出的结论。

图表评论示例

我们需要评论的图表如下:

法国 2014 年的年龄金字塔

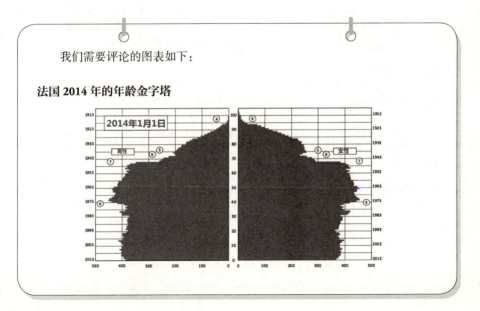

Exemple de commentaire d'un graphique

Le commentaire :

Une pyramide des âges est une représentation synthétique de la structure par âge d'une population donnée. Celle qui nous est donnée à commenter est la pyramide des âges de la France en 2014. Les données proviennent du recensement général de la population établi par l'Institut National de la Statistique et des Études Économiques (INSEE) et elles ont été mises en forme par l'Institut National d'Études Démographiques (INED).

En abscisses, nous avons le nombre d'habitants en milliers en distinguant le nombre d'hommes (à gauche) et de femmes (à droite). En ordonnées nous avons les années de naissance, les plus récentes étant en bas, ce qui donne l'âge des personnes (en 2014) de 0 à 105 ans, indiqué au centre du graphique. En fait, ce graphique en forme de pyramide est constitué de deux histogrammes mis dos à dos, celui des femmes vivantes à une date donnée, classées en fonction de leur année de naissance, et la même chose pour les hommes.

La forme de cette pyramide résulte de différentes évolutions qu'elle illustre :

- ▲ La dissymétrie de la pointe résulte de la forte différence de mortalité entre les hommes et les femmes, ces dernières vivant plus longtemps (voir indication 4) ;
- ▲ L'élargissement brusque après 1945 résulte du « *baby boom* » de la fin de la Seconde Guerre mondiale, lequel se termine en 1975 (voir indications 6, 7 et 8) ;
- ▲ La largeur de la base (et sa stabilité) résulte du fait que, comme en Irlande et contrairement à l'Allemagne et à l'Italie, en France la natalité se maintient à un niveau très proche du niveau assurant le renouvellement des générations (2,1 enfant par femme) .

Interprétation :

La part des plus de 65 ans est déjà importante, et l'on voit que les générations nombreuses issues du « *baby boom* » qui arrivent encore maintenant à cet âge vont élargir considérablement le sommet de la pyramide.

La pyramide des âges de la France en 2014 porte mal son nom. La représentation réalisée par l'INED montre en effet un graphique qui ressemble plus à une meule de foin qu'à une pyramide à proprement parler. En effet, elle se caractérise par une moitié inférieure relativement verticale et un renflement entre 40 et 70 ans, dû au « *baby-boom* ». Au total, ce qui ressort clairement de ce graphique, c'est bien le phénomène du vieillissement de la population française dont les conséquences sont très importantes : déséquilibre des systèmes de retraite, évolution des mentalités, etc.

图表评论示例

评论：

年龄金字塔是表示人口年龄构成的概括性图表。我们需要评论的这个图表是法国 2014 年的年龄金字塔。数据来源于法国统计局（INSEE）的人口普查结果，由法国国立人口研究所（INED）制表。

横轴显示了以千为单位的不同性别的居民的数量（左侧为男性数量，右侧为女性数量）。纵轴代表的是出生年份，较近的年份在下，表格正中的数字表示年龄（到 2014 年），从 0 岁到 105 岁。事实上，这份金字塔图表由两个背靠背的直方图构成，即截至某个特定日期仍然在世的女性和男性的年龄分布图。

此金字塔揭示了以下几种趋势，也正是这些趋势塑造了它的形状：

▲ 顶端部分的不对称源于男性和女性死亡率的巨大差异：后者的寿命更长（请看标注4）；

▲ 图表在1945年之后突然变宽是因为二战后的"婴儿潮"。它结束于1975年（请看标注6、7、8）；

▲ 金字塔底部的宽度（及其稳定性）是由于法国的出生率（平均每个妇女生育2.1个孩子）维持在接近保持代际人口更迭的水平，这一点与爱尔兰相似，但与德国和意大利相反。

解读：

65 岁以上的人口比例已经很大，目前尚未到达此年龄段的"婴儿潮"时期出生的几代人仍会将金字塔顶部拓宽。

2014 年法国的人口金字塔有些名不副实。法国国立人口研究所制作的这份图表更像是一个干草垛，而不是金字塔。事实上，后者的特征是下半部分相对垂直，而"婴儿潮"所带来的 40 至 70 岁之间的部分则呈外凸状。总的来说，这份表格清楚地展示了法国人口老龄化的现象，其后果很严重，包括退休体制的失衡、精神状态的变化等等。

1.8 LA CONSTITUTION D'UN DOSSIER

- **Objectifs**

Au cours de votre vie professionnelle, il vous est (sera) souvent demandé de constituer un dossier[1] sur une réalité économique ou sociale. C'est pour vous préparer à cette forme de travail courante qu'il vous sera demandé de constituer des dossiers.

Le travail de dossier a plusieurs objectifs pédagogiques :

- ▲ vous permettre d'étudier et d'approfondir une question qui vous intéresse ;
- ▲ vous donner l'occasion d'améliorer vos méthodes de travail en particulier l'esprit de synthèse. En effet, le dossier – s'il n'est pas simple accumulation d'éléments juxtaposés, est aussi un bon exercice pour développer l'esprit de synthèse ;
- ▲ vous donner l'occasion d'améliorer vos méthodes de documentation : aller chercher des informations, les mettre en forme, interroger des acteurs, rechercher sur Internet, structurer l'information…

- **Travail attendu**

- ▲ Vous devez rendre un dossier d'une vingtaine de pages au total (plus des annexes) et satisfaisant aux normes de présentation de tout travail écrit : sommaire, introduction, développement, conclusion, annexes, bibliographie. Il s'agit d'un travail d'expression écrite et la forme sera prise en compte et pas seulement le fond.
- ▲ Ce travail doit pouvoir être lu de façon autonome, et donc comprendre la présentation minimum du contexte et/ou l'institution ainsi que de l'objet.

---

[1] Définition générale : ensemble de documents se rapportant à un même sujet. À l'université la constitution d'un dossier est une épreuve fréquente à partir de la troisième année de licence. Son objectif est d'étudier et d'approfondir une question particulière. Ceci mobilise des qualités d'analyse des différents documents-sources, et des qualités de synthèse pour les présenter en un nombre de pages limitées.

1.8 制作档案

● 目标

你在职业生涯当中常常会被要求制作关于社会或经济现状的档案①。本节练习正是要预先训练这方面的能力，从而帮助你在日后的工作中从容应对。

档案制作有如下教学目的：

▲ 使你能够更深入地研究你所感兴趣的问题。

▲ 让你有机会完善书写能力，特别是综述能力。档案制作并不是简单地将内容罗列出来，而是为你提供改善综合、概述能力的很好的练习。

▲ 提高你收集、整理文献资料的能力：搜索讯息、整合信息、进行访谈、网上查询、组织信息架构……

● 要求

▲ 最终要求是完成一份20页左右的档案（含附录），需按照规范呈现下面的所有内容：目录、导语、正文、结论、附录、参考文献，即一份从行文布局到作品内容完全符合要求的书面作品。

▲ 档案应当通俗易懂，故应对背景、行文结构与目的做出阐述。

---

① 一般定义：与同一主题相关的文档集合。在大学里，档案制作是从本科三年级开始的一种较为常见的测试形式，其目的是深入研究一个特定的问题。这要求对不同来源的文件做出具备一定质量的分析和归纳，并且在页数上有限制。

▲ Il doit comprendre une dimension analytique : ce n'est pas uniquement une étude descriptive. Cela implique de définir clairement la question que vous vous posez, et de construire alors un argumentaire pour y répondre, à partir des informations recueillies et des sources documentaires complémentaires.

▲ Il doit montrer la diversité des approches sur la question, que ce soit par divergence d'analyse (relevant de conceptions du monde différentes), ou par divergence des points de vue (relevant de la place différente des acteurs).

● **Exemples de sujets**

L'après-pétrole, le tourisme « durable », les SCOT, le renouveau de la traction animale, l'éco-conception…

● **Encadrement et calendrier**

L'enseignant qui suit votre travail aura trois échanges avec vous :

▲ **Une fois en novembre** pour cadrer le travail attendu : le champ, le thème et la problématique, la proposition de terrain d'observation, les personnes que vous pensez interviewer et les questions que vous pensez leur poser, premières données bibliographiques que vous avez repérées : livres ou chapitres de livre, articles de fonds, coupures de presse, sites internet…

▲ **Une fois en décembre (ou janvier)** pour faire le point sur vos recherches (recherches bibliographiques et sur internet, informations rassemblées lors des contacts de terrain, résultats des interviews que vous avez pu effectivement réaliser), faire la synthèse de vos réflexions à l'issue de cette étape de recherche documentaire et d'entretiens, et arrêter le titre définitif du dossier.

▲ **Une fois en février ou en mars** pour discuter de votre projet de plan (fournir préalablement, par message électronique, le plan détaillé de votre dossier, en indiquant les idées principales de votre introduction, de vos parties, sous-parties, et de votre conclusion).

NB : en général, les dossiers sont à rendre avant les vacances de printemps, c'est-à-dire au plus tard le 15 avril pour être pris en compte au jury de juin, ou avant le 1er septembre pour être pris en compte au jury de septembre.

▲ 档案应该包含分析部分，而不只是单纯的描述。这就意味着要清晰地定义出问题，并通过采集相关信息以及查阅补充文献组织论据对其进行回答。

▲ 档案应该囊括问题的多个方面，可以是通过（来自不同的世界观的）多角度的分析，也可以是通过呈现（来自不同的立场的）不同的观点。

• 主题范例

例：后石油时代、"可持续发展"的旅游业、SCOT法国地域协调方案、畜力运输的复兴、生态概念……

• 框架与日程安排

教师会与您有三次交流：

▲ **一次在十一月，**这次交流的目的在于明确任务要求，比如范围、主题或者论题、观察的范畴、走访的对象和你打算向对方提出的问题、找到的第一手书目（书籍及其章节、报刊、网页）等等。

▲ **一次在十二月或者一月，**这次的交流将主要围绕收集的资料（图书查阅、网上查阅、走访与面谈收集的信息与结果）展开。根据所采集的素材，此时需要敲定档案的题目。

▲ **一次在二月或者三月，**此次交流的目的在于讨论档案的大纲（详细提纲需要提前以电子邮件的形式提交），大纲需务求详尽，明确档案的导语，各个论点、分论点以及结论的主要观点。

> **注意：**一般来说，为了配合六月份举行的评议会，档案提交的截止日期须在春假之前，即最迟四月十五日；而针对九月份的评议会，提交日期不得晚于九月一日。

En plus de ces trois étapes indispensables, vous pouvez bien sûr contacter l'enseignant lors de ses permanences par message dans son casier (électronique ou non).

• Évaluation

Trois grands critères seront retenus : forme, fond, travail.

▲ **Forme** : présentation/mise en page (texte justifié...), style, orthographe (des fautes en trop grand nombre seront sanctionnées), références bibliographiques suffisantes et correctes, etc.

▲ **Fond** : qualité de l'analyse fournie et pertinence des questions, remarques et observations ; utilisation pertinente d'outils d'analyse.

▲ **Travail** : importance de la recherche d'information, contacts, interviews ; travail de traitement de l'information ; recherche bibliographique.

NB : un travail insuffisant peut donner lieu à une note en dessous de la moyenne.

• L'organisation et la présentation de votre document

La construction du texte doit privilégier l'exposé synthétique. Si c'est le cas, le dossier peut tenir en 20 pages sans les annexes (30 pages maximum, annexes comprises).

La structure générale de votre dossier devra être conforme à ceci :

▲ la page de couverture
▲ la page de titre (identique à la page de couverture)
▲ les remerciements éventuels
▲ le sommaire paginé
▲ l'introduction générale
▲ les parties et sous-parties, introduites, développées, conclues
▲ la conclusion générale
▲ la « table des annexes » et les annexes
▲ la bibliographie

除了以上三次必需的意见交流，你还可以通过电邮、书信的形式与老师取得联系，或者在老师的办公时间登门拜访。

● **评分**

评分主要有以下三个标准：格式、内容和工作量。

▲ **格式：** 排版、文风、拼写（出现过多的拼写错误将会被扣分）、参考书目的正确性与丰富性等等。

▲ **内容：** 分析、评论问题是否严谨、准确，是否应用适当的分析工具。

▲ **工作量：** 信息的查询、人群的走访、资料的筛选、书目的查阅。

注意： 工作量不足的档案会得分不及格。

● **档案的构建与呈现**

档案的构建应以概括性的陈述为主，一份优秀的档案（不含附录）应不少于二十页（加上附录最多三十页）。

档案的主要结构如下：

▲ 封面

▲ 扉页（与封面保持一致）

▲ 鸣谢（可选项）

▲ 目录（含页码）

▲ 导语

▲ 论点与分论点、导语、正文和结论

▲ 总结

▲ 附录表及附录

▲ 参考文献

1.9 LES CARTES HEURISTIQUES (*MIND MAP*)

L'adjectif « heuristique » vient du grec « *eurisko* » qui signifie « je trouve ». On les appelle aussi « cartes mentales » ou « *mind map* » en anglais.

Cette technique n'est pas nouvelle : elle reprend et systématise la technique des schémas, qui visualisent l'information, notamment de manière « irradiante », c'est-à-dire à partir d'un centre. Un exemple ancien est celui appelé « la rose des sables » où, autour du concept central qu'on veut étudier (positionné pour cela au centre de la feuille), on dispose tout autour les multiples termes associés, reliés par de simples segments de droite, ou plus explicitement par des flèches orientées.

Un tel schéma est un outil d'aide à la créativité, notamment par la technique du « remue-méninges » (ou « *brain storming* » en anglais). Par exemple, à propos des questions à se poser au sujet des investissements : on met tous les termes qui nous viennent à l'esprit autour du pôle « investissement », dans le désordre.

C'est aussi un outil d'aide à l'organisation des idées. Dans notre exemple, on classe toutes les idées notées dans le désordre par grande famille : ex. aspects financiers/aspects techniques.

C'est enfin un bon moyen de mémorisation, voir le schéma structuré ci-après :

1.9　思维导图（mind map）

　　形容词heuristique，意为"启发性的"，源于希腊语eurisko，本义是"我找到"。思维导图也被称为"心智图"，在英语中叫做mind map。

　　这种技术算不上新潮：它沿用了已有的框架图的做法，并将其系统化。框架图主要采用"辐射"的方式，即从一个中心点出发向外发散，将信息视觉化。举一个比较老的做法——"沙漠玫瑰"法的例子，就是将我们要研究的核心概念写在一张纸的中央，在四周写出各种相关词，并用直线或更明确的箭头形式将核心概念与四周的相关词连接起来。

　　这种框架图是一种可以帮助我们发挥创意的工具，通常采用的方式是"头脑风暴"（即英语里所说的brain storming）。以"投资"为例：我们先把头脑里能够想到的所有有关投资的词写下来，这时候先不管顺序，随便写。

　　它也是一种帮助我们理清思路的工具：我们把刚才列出来的没有经过排列的词依照类别进行分组，比如在"投资"这个例子里分成金融方面和技术方面。

　　最后，它还是一种很好的促进记忆的方式，请看下图：

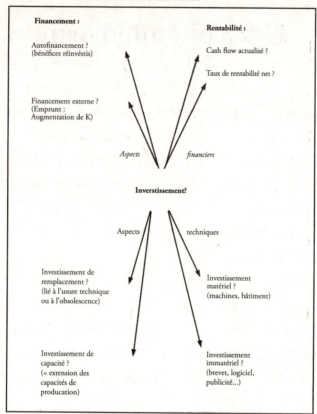

Schéma « en rose des sables »

Financement :

Autofinancement ?
(bénéfices réinvéstis)

Rentabilité :

Cash flow actualisé ?

Taux de rentabilité net ?

Financement externe ?
(Emprunt :
Augmentation de K)

Aspects   *financiers*

Inverstissement?

Aspects   techniques

Investissement de
remplacement ?
(lié à l'usure technique
ou à l'obsolescence)

Investissement
matériel ?
(machines, bâtiment)

Investissement de
capacité ?
(= extension des
capacités de
producation)

Investissement
immatériel ?
(brevet, logiciel,
publicité...)

Basée sur les avancées dans le domaine des neurosciences, la méthode de « carte heuristiques » a été mise au point par le psychologue anglais Tony Buzan dans les années 1970. Elle est censée faciliter la pensée logique (et donc le raisonnement abstrait, analytique, rationnel, déductif...) et la créativité (et donc la pensée sensible, synthétique, intuitive, globale...) en assurant un fonctionnement conjoint des deux hémisphères du cerveau :

▲ **cerveau droit** (couleurs, images, formes, rythmes, sentiments, concret, synthétique, spatial, intuitif, inductif, non verbal, etc.).
▲ **cerveau gauche** (mots, parole, analyse, logique, nombres, linéarité, abstrait, temporel, séquentiel, rationnel, déductif, verbal, etc.).

沙漠玫瑰图

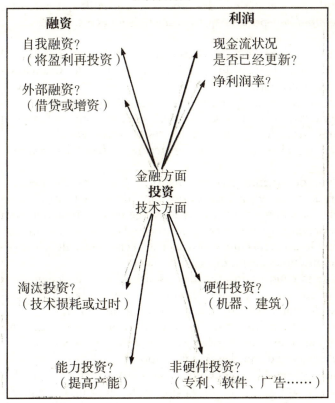

基于神经科学领域的进步，英国心理学家托尼·布赞在上世纪70年代创造了"思维导图"这一方法。它调动大脑的两个半球同时工作，可以促进逻辑思维（即具有抽象、分析、理性、推断等性质的推理）以及创造性思维（即具有感性、综合、直觉、全局等性质的思考）的运转：

▲ **右脑**主控颜色、图像、形状、节奏、情感、具体事物、综合、空间、直觉、归纳、非言语元素等等。

▲ **左脑**主控词汇、话语、分析、逻辑、数字、线性、抽象、时间、顺序、理性、演绎、言语元素等等。

Tony Buzan définit aussi ce concept comme « une manifestation de la pensée irradiante » et désigne des processus associatifs qui partent d'un point central. Le *mind map* présente quatre caractéristiques essentielles :

1) Le sujet d'attention est cristallisé dans une **image centrale**.
2) Les grands thèmes du sujet irradient comme des **branches** à partir de l'image centrale.
3) Les branches comportent une **image** ou un **mot clé** imprimé sur une ligne. Les thèmes de moindre importance sont également représentés sous forme de branches partant des branches centrales.
4) Les branches forment une **structure nodale** (c'est-à-dire en réseau).

Ce type de schéma permet ainsi de créer et développer ses idées par association de mots, ensuite de les organiser de manière spatiale, enfin de les résumer en visualisant de manière synthétique des informations nombreuses et complexes présentées de manière séquentielle dans un article, un cours ou une conférence. On a à la fois une vision spatiale d'ensemble, globale du thème, tout en ayant les multiples détails qui s'y rattachent.

Lors de sa conception, c'est donc soit un bon exercice de créativité libre autour d'un concept central (*brain storming*), soit un bon exercice d'analyse et de synthèse des données étudiées dans un article ou un livre.

C'est donc un bon moyen pour apprendre un cours, non pas en l'apprenant par cœur, mais en dégageant les principales idées et en les organisant graphiquement, ce qui aide leur mémorisation.

Sa mise en œuvre peut se faire très simplement avec une feuille et un crayon, en mettant au centre du schéma la notion centrale, puis en la reliant, en arborescence, à diverses autres notions connexes. L'utilisation de couleurs permet aussi de différencier des grands sous-ensembles.

托尼·布赞还将思维导图定义为"发散性思维的表现"，并制定了一些基于核心主题进行发散的联想机制。思维导图有四个主要的特征：

1）核心主题被聚焦为一个**中心图片**。

2）主题的要点像**枝干**一样从中心图片发散开去。

3）每个主干上有一幅**图像**或一个**核心词**。次要的点又以分支的形式从它的主干上分出去。

4）这些枝干形成一个有很多节点的架构，也就是一个**网状图**。

这种框架图使得人们可以通过词与词之间的连接进行发散性思考，然后将其以空间的方式组织起来，最后再将文章、课程或讲座之中按序排列、丰富且复杂的信息整合起来。通过这样的框架图，我们对某个主题既能展开一个全局性的视野，同时又不会落下它所牵涉的细枝末节。

因此，制作思维导图的过程是一种很好的练习，它既可以用来围绕一个核心概念组织创造性思维（即头脑风暴），也可以用来对一篇文章或一本书所含有的信息进行分析与综合。

它还是一种很好的听课方法。使用它并非是要单纯地将知识牢记于心，而是为了理出要点，用框架图的形式将其组织起来，便于记忆。

思维导图的制作很简单，只需一张纸和一支笔：首先将核心概念置于图的正中央，然后以树状图的形式，将它与其他次要的概念连接起来。我们也可以利用不同的颜色来区分不同的分支。

On peut aussi utiliser des logiciels dédiés et gratuits, en licence libre, comme FreeMind, XMind, ou MINDOMO (en ligne). Exemple de carte heuristique décrivant l'architecture générale d'un ordinateur, dessinée avec FreeMind (Source : https://fr.wikipedia.org/wiki/Carte_heuristique) :

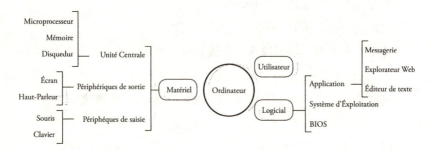

En général, on peut faire des schémas personnels librement : voir page suivante la carte heuristique de l'étudiante XU Chanjuan, en Master 1, spécialité IEE, Université de Grenoble en 2015, pour résumer un article scientifique[1] sur la politique énergétique chinoise.

① Source : « La politique énergétique au cœur de la modernisation chinoise », Balme Richard, Romano Giulia C., *Revue française d'administration publique* 2/ 2014, N° 150, p. 435-452.

我们也可以利用一些专门的、免费的、享有自由版权的软件，比如FreeMind、XMind，或者在线使用MINDOMO。下面是用FreeMind制作的一个关于电脑总架构的思维导图（来源：https://fr.wikipedia.org/wiki/Carte_heuristique）：

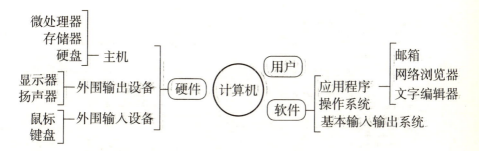

总的来说，我们可以自由地做出个性化的架构图：请看下页的思维导图，它是对一篇有关中国能源政策的科技文章①的内容总结，其作者是格勒诺布尔大学2015级经济工程专业研一学生徐婵娟。

---

① 原文为法语，来源如下：« La politique énergétique au cœur de la modernisation chinoise », Balme Richard, Romano Giulia C., *Revue française d'administration publique* 2/ 2014, N° 150, p. 435-452。

Carte heuristique de XU Chanjuan, étudiante en Master 1, spécialité IEE, Université de Grenoble en 2015.

Les difficultés

Les solutions

Le marché n'intègre pas les externalités négatives & les effets de long terme et inter-générationnelles de l'activité économique

Le DD : Concilier les trois piliers : économique, social et environnemental.

Le modèle « occidental » la négligence de ses effets et ses gaspillages → influence sur les pays émergents

La gestion intergénérationnelle des stocks et patrimoines

Calcul Économique pluridimensionnel, avec Le Capital naturel

Le développement inégal

Les interventiona des États

La complexité de la biosphère → Les doutes scientifiques

Les difficultés de concilier le développement économique et l'environnement

Réflexion sur les biens publics mondiaux et sur les patrimoines communs

Les intérêts nationaux sont antagonistes → Les conflits de souveraineté

La régulation et la gestion des biens communs inter ou transnationaux

L'absence de la responsabilité de certains pays : Pays émergent (PVD) et Etat-Unis

Les actions collectives aux différentes **échelles territoriales : infranationale, nationale, et internationale**

La mondialisation → dumping environnement

Les solutions : la mise en œuvre du Développement Durable (DD)

Les échelles de temps et d'espace pour concilier des priorités économiques, sociales, environnementales

Opinions publiques et ONG

Régulation / protocole / mondial(e) → Une action transnationale

Court terme / Long terme

Local Régional Mondial

Exemple : Les liens entre développement économique & consommation d'énergie, émission de GES & climat

Les efforts des différents auteurs comme UE et les moyens (vecteur) comme MDP, IDE, 1154 projets.

Les limites du protocole de Kyoto

L'amélioration de Kyoto insertion des PVD et PMA

Les trois comportements négatifs de la gestion des biens publics : la resquille, le dilemme du prisonnier et les comportements moutonniers

格勒诺布尔大学 2015 级经济工程专业
研一学生徐婵娟所制思维导图

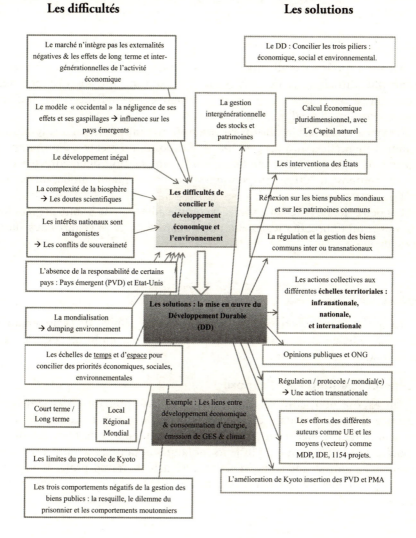

Les difficultés

Le marché n'intègre pas les externalités négatives & les effets de long terme et inter-générationnelles de l'activité économique

Le modèle « occidental » la négligence de ses effets et ses gaspillages → influence sur les pays émergents

Le développement inégal

La complexité de la biosphère → Les doutes scientifiques

Les intérêts nationaux sont antagonistes → Les conflits de souveraineté

L'absence de la responsabilité de certains pays : Pays émergent (PVD) et Etat-Unis

La mondialisation → dumping environnement

Les échelles de <u>temps</u> et d'<u>espace</u> pour concilier des priorités économiques, sociales, environnementales

Court terme / Long terme

Local Régional Mondial

Les limites du protocole de Kyoto

Les trois comportements négatifs de la gestion des biens publics : la resquille, le dilemme du prisonnier et les comportements moutonniers

Les solutions

Le DD : Concilier les trois piliers : économique, social et environnemental.

La gestion intergénérationnelle des stocks et patrimoines

Calcul Économique pluridimensionnel, avec Le Capital naturel

Les difficultés de concilier le développement économique et l'environnement

Les interventiona des États

Réflexion sur les biens publics mondiaux et sur les patrimoines communs

La régulation et la gestion des biens communs inter ou transnationaux

Les solutions : la mise en œuvre du Développement Durable (DD)

Les actions collectives aux différentes **échelles territoriales : infranationale, nationale, et internationale**

Opinions publiques et ONG

Régulation / protocole / mondial(e) → Une action transnationale

Exemple : Les liens entre développement économique & consommation d'énergie, émission de GES & climat

Les efforts des différents auteurs comme UE et les moyens (vecteur) comme MDP, IDE, 1154 projets.

L'amélioration de Kyoto insertion des PVD et PMA

1.10   L'EXPOSÉ ORAL

Même si, pour les étudiants étrangers, les devoirs ou examens écrits sont souvent plus difficiles, les exposés oraux sont souvent une épreuve redoutée, notamment parce qu'ils se passent devant un public, les étudiants de sa classe ou les professeurs d'un jury d'examen.

L'exposé oral sert d'abord à présenter un rapport, un projet, ou à développer une réflexion, puis cette phase d'exposition est suivie d'un moment de questions/réponses. Le terme désigne une intervention orale adressée à un auditoire composé de 20 ou 30 personnes (devant un grand public, on parlera plutôt de conférence).

Les deux clés de la réussite sont, ici comme ailleurs, une bonne préparation du travail et un respect des règles efficaces d'exposition. C'est ce que nous allons voir maintenant.

A. Bien préparer son exposé oral en amont   〉〉〉

La qualité d'un exposé oral ne dépend pas uniquement de la présentation orale finale. Elle est aussi fonction de la préparation en amont de l'exposé, tant dans le fond que dans la forme.

• Préparer le « fond » de l'exposé

Un exposé oral, comme tout autre travail, se prépare sérieusement et à l'avance. Dès qu'une date et que les consignes vous sont données par le professeur, il faut se mettre au travail et ne « pas attendre la dernière minute » ! L'exposé se fait soit seul, soit à plusieurs, notamment pour apprendre à travailler en groupe, ce qui est une compétence requise dans le travail professionnel. En effet, les problèmes de répartition du travail et de coordination sont parfois difficiles.

1.10 口头陈述

尽管笔头作业或书面考试对于外国学生来说通常更难，但口头陈述也是一项让他们害怕的测试，主要是因为他们需要面对同学或评委会老师，当众发言。

口头陈述首先要介绍一份报告、一项计划或者一种观点，随后是问答环节。"口头陈述"这个词通常指面对20到30位听众进行的发言（当有更多的听众时，我们通常称之为"讲座"）。

跟其他作业一样，成功的两个关键因素是充分准备和有效遵守演讲规则。这就是我们下面要讲到的内容。

A. 做足前期准备

口头陈述的质量不仅仅取决于最终的演讲，它从形式到内容都依赖于事前的准备。

• 准备陈述的"内容"

口头陈述跟其他作业一样，需要事先认真准备。一旦老师定下了截止日期和要求，就要着手进行，莫要"等到最后一刻"！陈述要么是独立完成，要么是几个人一起，后者可以锻炼团队协作能力，这种能力是职场中需要的。事实上，工作的分配与协调有时会很有难度。

Dans ce cas de travail à plusieurs (2 ou 3 personnes conseillées, car au-delà, certains joueront les « parasites »), une division des tâches est souvent organisée. Cependant le travail et l'exposé final devront être cohérents, ce qui nécessite que chacun connaisse bien les contributions des autres ! De même, chaque personne du groupe est collectivement responsable du bon fonctionnement d'ensemble, ce qui se traduit par une note collective. Si un étudiant est défaillant, c'est aux autres membres du groupe de s'adapter pour que l'exposé ait quand même lieu normalement.

La première condition pour réaliser un·travail de qualité est de **produire un travail solide sur le plan scientifique**. Votre exposé doit, en d'autres termes, contenir d'abord des faits incontournables mais aussi des théories avec leurs auteurs, afin « d'administrer la preuve ». Rappelons que, s'il est toujours nécessaire de partir des éléments fondateurs, il est aussi indispensable de les relier à d'autres beaucoup plus récents, dans un souci indispensable d'actualisation et de recherche.

Le deuxième conseil est de **structurer votre présentation**. En effet, un travail oral répond aux mêmes exigences qu'un travail écrit : vous ne pouvez pas simplement recenser et juxtaposer des faits et des théories, vous devez impérativement structurer votre pensée. Pour cela, la construction d'un plan est fondamentale : tout comme pour une dissertation (voir 2.2 C), il hiérarchise vos arguments (entre grandes idées principales, et idées secondaires qui viennent en appui des premières), et il rend l'exposé plus clair et cohérent en mettant en évidence l'existence d'un fil conducteur. En conséquence, vous devez prévoir une introduction, un développement avec des parties et des sous-parties et une conclusion. Enfin, comme tout travail de recherche rigoureux, vous devez présenter vos sources d'information et de réflexion à l'enseignant et aux autres étudiants.

Enfin, le troisième conseil concerne l'après-exposé, au moment des questions qui suivent généralement la prestation orale. Vos réponses conditionnent aussi une partie de la qualité de votre prestation et donc aussi de la note d'évaluation qui vous sera attribuée. Il faut donc être pro-actif, **en anticipant des questions possibles et en préparant à l'avance les réponses**. Vous pouvez alors écrire sur une feuille annexe et personnelle quelques données, concepts, auteurs, etc., qui pourront vous servir d'appui au moment des questions.

Ce travail préalable sur le fond de l'exposé doit aussi s'accompagner d'une préparation de la forme.

• Préparer la « forme » de l'exposé

Une bonne présentation orale doit susciter de l'attention et de l'intérêt de la part du public, et créer des interactions avec lui. Un exposé oral n'est donc pas la lecture monotone d'un document devant d'autres personnes. Le choix de supports appropriés et diversifiés est donc indispensable.

在几个人一起工作（最好是两三个人，因为当有更多人的时候，有人就会"偷懒"）的情况下，需要对工作进行分配。然而，准备工作与最后的陈述要连贯，这就需要每个人都知道他人的分工！同样，小组里的每个人都对整个小组的有效运行负有责任，这一点会反映在小组分数上面。如果一名同学不得力，其他成员就需要调整，以保证最后的口头陈述能够顺利进行。

完成高质量工作的首要条件是**在科学层面上做出扎实的工作**。也就是说，你的陈述首先需要包括必不可少的事实，以及一些理论和它们的提出者，以便"提供论据"。要记住，即便我们总需要从一些基础元素出发，也必须将其与更多新的元素联系起来，这是口头陈述具有时效性、研究性的必不可少的考量。

第二条建议是**让你的陈述有条理**。事实上，口头作业也需要满足和笔头作业相同的要求：你不能单纯地罗列事实和理论，而是必须组织好自己的想法。为此，列提纲是基础：这就跟写论文一样（见2.2 C部分），提纲让你的论据层级化（分为主要论点和佐证主要论点的次要论点），突出主线，让陈述更加清晰、连贯。为此，你需要准备导语，分章节论述，然后得出结论。最后，正如严谨的研究工作一样，你需要向老师和同学们介绍你的信息和思考来源。

最后，第三条建议涉及到陈述的第二个环节，也就是之后的问答。你的回答也构成演讲质量的一部分，会影响到你的最终得分。因此，你需要先发制人，**预测可能被问到的问题，并提前准备好答案**。你可以在一张纸上写下一些数据、概念、作者信息等内容，以备问答环节需要。

事先准备陈述内容的同时，也需要准备陈述的"形式"。

● 准备陈述的"形式"

好的陈述需要能够吸引听众的注意力，激起他们的兴趣，同他们展开互动。因此，口头陈述不是在他人面前单调地阅读一份文件，选择合适、多样的载体也是必要的。

Le premier conseil est l'utilisation d'un diaporama (de type *PowerPoint* ou *Open Office*). L'utilisation de diapositives a plusieurs avantages :

▲ pour l'intervenant, elles lui permettent de ne plus avoir la crainte de « perdre le fil de ses idées » ou de « se perdre dans ses notes écrites », et de pouvoir facilement présenter des séries statistiques ou des schémas toujours difficiles et long à réaliser au tableau (sans compter le fait d'être alors obligé de tourner le dos au public…).

▲ vis-à-vis des auditeurs, elles permettent de capter leur l'attention, et de souligner avec l'aide d'un pointeur-laser tel ou tel détail – tout cela facilite la compréhension et les interactions. Mais pour pouvoir réaliser ces potentialités, les diapositives doivent être à l'avance bien conçues :

D'abord, chaque diapositive doit être sobre en informations, afin d'en faciliter la lecture et donc la compréhension. À la fin de cette fiche, on montre sur un exemple concret de diaporama le cas d'une diapositive trop chargée, et donc quasiment illisible.

Conseils pour un diaporama

Compréhension ⟶ exposé structuré

avec un plan

Lisibilité ⟶ pas trop d'information par diapo

en lettres suffisamment grandes (>24)

Ensuite, pour respecter le temps imparti (ce qui est un impératif absolu !), elles ne doivent pas être trop nombreuses : on compte en moyenne une à deux minutes d'explication par diapositive (si c'est un tableau statistique, ce pourra être plus, mais si ce sont seulement quelques mots, ce pourra être moins). Donc, par exemple pour un exposé de 20 minutes, quinze diapositives suffiront.

我们的第一条建议是使用幻灯片（PowerPoint或Open Office）。使用幻灯片有以下两个好处：

▲ 对于演讲人来说，幻灯片可以让他不用担心"忘了说到哪儿了"，也不会"迷失在笔记之中"，可以让他轻而易举地展示数据和架构图（临时板书困难又耗时，况且写板书时他必须得背对听众……）。

▲ 对于听众来说，幻灯片可以吸引他们的注意力，还可借助激光笔强调某个细节——这些都可以帮助大家理解以及互动。为了更好地利用这些优点，幻灯片须做好以下准备：

首先，每张幻灯片上的信息必须足够简洁，以便于阅读和理解。在本节末尾，我们会举一个因信息过多而几乎无法看清的幻灯片的具体例子。

幻灯片制作建议

理解　　➡　内容有架构

　　　　　　充分利用大纲

易读性　➡　每张幻灯片的信息不能太多

　　　　　　字要足够大（>24 磅）

然后，为了遵守既定的时间（这是绝对的要求！），幻灯片的张数不能太多：每张幻灯片的介绍时间一般为1到2分钟（如果是统计图表，时间会长一点，而如果只是几个词，时间可以更短）。因此，对于一个20分钟的陈述，准备15张幻灯片就够了。

Enfin, la suite des diapositives doit être construite rigoureusement : au début, après le titre, il faut faire apparaître le plan ; de même, après la conclusion, il faut faire une diapo spéciale pour les sources bibliographiques (avec les études citées et les auteurs importants).

Voir à la fin l'exemple concret de « bonnes » ou de « mauvaises » diapositives…

Le deuxième conseil est de s'entraîner avant de passer à l'oral, pour être certain du respect du temps imparti et de la coordination entre les membres du groupe si l'exposé s'effectue à plusieurs. Un exposé oral se répète comme une pièce de théâtre ou un concert. Il faut faire une répétition, en la chronométrant, et donc rectifier la longueur de l'exposé en fonction de cet impératif du temps d'exposition à respecter. Il faut aussi repérer les caractéristiques de la salle dans laquelle vous allez effectuer votre prestation : la localisation des prises (faut-il prévoir une rallonge électrique, et/ou une multiprise ?) ; la luminosité de la salle (pour les diapositives, baisser les rideaux sera peut-être nécessaire) ; le positionnement par rapport au public (tout le monde pourra-t-il voir aisément l'écran ?). Il faut aussi vérifier à l'avance que votre matériel informatique fonctionne (par ex. les connexions entre votre ordinateur et le vidéoprojecteur sont-elles compatibles : VGA ou HDMI ?).

À défaut de ces précautions, vous laisserez une mauvaise impression si vous arrivez devant votre public en montrant que vous avez négligé ces points… C'est encore plus le cas si vous êtes plusieurs à réaliser l'exposé l'oral (chacun a-t-il bien sur sa clé USB son exposé avec le bon format qui sera reconnu par l'ordinateur : .ppt ou .odp ?).

Le troisième conseil est d'accompagner la présentation orale de documents écrits synthétiques qui permettent de guider le public (professeur et étudiants). Par exemple, donner aux autres étudiants et à l'enseignant une photocopie du plan de l'exposé en recto, et les tableaux statistiques et la bibliographie au verso. Souvent, l'enseignant vous demandera aussi de fournir une brève synthèse ou un court résumé écrit de votre exposé oral pour lui permettre ensuite d'avoir davantage d'éléments pour vous évaluer.

Ce travail préalable étant réalisé, vous devez ensuite tout mettre en œuvre pour bien réaliser votre exposé oral.

B. Bien réaliser son exposé oral   »»

L'évaluation finale de l'exposé oral dépendra de deux éléments successifs : la présentation orale liée à l'exposé proprement dit, puis de la qualité des réponses aux questions posées ensuite.

最后，组织好幻灯片的先后顺序：首先，在标题之后，应该列出大纲；同样，在结论之后，应该专门留一张注明引用来源（引用的研究和重要作者）。

请参考后面的"优秀"和"糟糕"的幻灯片例子。

第二条建议是在口头陈述前进行练习，以确保不超时，如果是集体作业，还要确保小组成员之间的协作良好。口头陈述需要像戏剧或音乐会那样进行彩排，需要通过计时来调整陈述时间，以便遵守时间限制。作为陈述人也应知悉做陈述的教室的特征——插座的位置（是否需要备用插线板）、教室的灯光（使用幻灯片时，可能需要拉下窗帘）、听众的位置（所有人是否都能方便地看到屏幕），还需要事先检查你的设备是否可用（比如你的电脑和投影仪是否兼容——是VGA还是HDMI？）。

如果这些措施没有准备到位就发表陈述的话，可能会给听众留下不好的印象……如果是几个人一起做口头陈述，就更要多加留心（每个人是否将陈述的文件存在了自己的U盘里？格式能否被电脑识别——是.ppt还是.odp？）。

第三条建议是用简明扼要的书面材料辅助口头演讲，它们可以引导听众（老师和学生）。例如，给老师和其他同学一份复印件，正面写上陈述的大纲，背面附上统计图表和参考文献。通常老师还会让你提供一份口头陈述的书面简介，以便之后打分时有更多内容可以参考。

做完这些前期工作，你就需要开始动手执行，以更好地完成口头陈述。

B. 做好临场发挥 ≫≫

口头陈述的最终得分取决于两个衔接的部分：口头陈述的演讲部分，以及问答环节回答问题的质量。

• La présentation de soi

Lors de tout exposé oral devant un public, il est nécessaire de soigner votre style vestimentaire, tout en l'adaptant au contexte. Par exemple, pour une présentation d'un exposé oral lors d'une séance de travaux dirigés, il n'est pas exigé de vêtements particuliers, mais pour une soutenance de mémoire de master, la cravate est recommandée (elle est exigée pour une soutenance de thèse). Par contre, quelle que soit la nature de l'exposé oral, vous devez veiller à votre langage.

Il est d'abord nécessaire d'éviter le langage familier : pour les étudiants chinois, vous devez bien distinguer entre le niveau de langue courant utilisé entre amis étudiants et le niveau soutenu exigé devant un professeur (par ex. on ne répond pas par « ouais », mais par « oui » ; on ne dit pas « je me suis planté » mais « je me suis trompé », etc.).

Il faut aussi éviter les tics de langage (par ex. chercher ses mots en disant systématiquement « euh », ou répéter trop souvent « en fin de compte »…), ainsi que les tics gestuels (par ex. faire tourner et retourner son stylo dans sa main).

Enfin, les postures corporelles doivent être adaptées à l'exercice : vous pouvez vous tenir debout ou vous asseoir, selon vos préférences ; mais évitez tout mouvement déplacé ou tout ce qui nuirait à la qualité des interactions avec le public (être de dos vis-à-vis du tact ce public, être « avachi » sur la table…).

De plus, votre prestation orale doit susciter de l'intérêt et de l'écoute de la part du public, et le plus d'interactions possibles. Pour cela, quelques conseils de base :

▲ **Ne lisez jamais** : vous devez regarder le plus possible votre public (jury, professeur, étudiants) à moins de citer un document. Ceci à la fois pour capter son attention, mais aussi pour vous permettre de réguler votre intervention (si vous voyez que des sourcils se froncent, c'est signe que certains ne comprennent pas et il vous faut peut-être reprendre votre explication ; si certains « baillent » d'ennui, il vous faudra certainement redynamiser votre voix…).

▲ **Aidez le public à vous suivre** : annoncez clairement à la fin de votre introduction le plan que vous allez déployer (par ex. « nous verrons cela en trois points »). Précisez systématiquement la partie que vous allez commencer (« d'abord », « ensuite », « enfin ») ou celle que vous venez de terminer et vos transitions doivent être marquées (« nous venons de voir le point 1 , et nous allons aborder maintenant le point 2 »…). Si vous utilisez un diaporama, un pointeur-laser s'avère très utile pour attirer l'attention sur tel ou tel point de la diapositive projetée.

● 演讲本身

任何一个面对听众的演讲，都需要注意着装风格应符合当时的情境。若是一堂小组指导课上的口头陈述，则不需要穿特别的衣服，但如果是硕士或博士阶段的论文答辩，则建议戴领带。然而，不管是哪种陈述，你都需要注意用语。

首先，必须避免过于随便的用词：对于中国学生来说，就需要区分在同窗好友间使用的日常用语和在老师面前使用的讲究用语（比如不宜说"是呀"而需要回答"是的"，不宜说"我搞砸了"而需要说"我弄错了"，等等）。

我们还需要避免口头禅（比如说，在组织言辞的时候习惯性地说"呃"，或者过多地说"毕竟"……）以及习惯性动作（比如用手来回转笔）。

最后，身体姿势要符合场合：根据喜好，你可以坐着或者站着，但要避免走来走去，以及任何可能影响与观众互动的质量的动作（比如背向观众、趴在桌子上……）。

此外，你的演讲需要激起听众的兴趣，获得他们的倾听，同他们充分展开互动。为此，这里有几条基本建议：

▲ **绝不要"读稿子"**：除引用时之外，你需要尽可能地看着听众（评审、老师和同学）。这既是为了引起他们的注意，也是为了调整你的演讲（如果你看到有人皱眉头，那意味着他可能没听懂，需要你进行解释；如果有人无聊地打呵欠，则需要你让语调更活泼……）。

▲ **帮助听众跟上你的思路**：在做完主题介绍后，你需要向听众展示你接下来演讲的大纲（比如"接下来我们会从三个方面探讨"），提示听众你要展开的部分（"首先"、"然后"、"最后"）或点明刚结束的部分，并且要有明确的过渡性内容（"我们刚讲完了第一点，现在来看第二点"……）。如果使用幻灯片，那么激光笔会很有用，它可以将听众的注意力吸引到正在放映的那一张幻灯片上的某个点。

▲ **Mettez du relief à votre élocution** : accentuez les termes importants (concepts, transitions), modulez le ton et le rythme de vos phrases afin d'éviter la monotonie. Tenez compte de la lassitude éventuelle du public en réagissant soit en écourtant votre présentation, soit en y mettant un peu d'humour.

Quelques points à noter si vous avez des supports diaporama :

▲ Veillez à **ne pas vous mettre devant l'écran**, mais de côté (l'utilisation d'un télécommande s'avère très pratique pour ne pas avoir « être scotché » sur le clavier de l'ordinateur).

▲ On l'a déjà dit : **regardez régulièrement votre public.** Le diaporama facilite effectivement cet aller-retour entre vos notes écrites et le public, surtout avec un pointeur-laser. Il est donc nécessaire de ne pas tout écrire le contenu de votre présentation pour éviter de lire vos notes : seuls les mots-clés doivent s'afficher (rien n'est plus ennuyeux que quelqu'un qui se contente de lire le texte des diapositives !). À l'inverse, n'improvisez pas trop non plus : un minimum de notes est toujours bienvenu pour vous éviter de vous égarer.

▲ Ne pas être « esclave » du diaporama : il faut **être attentif aux réactions du public**, et réagir en conséquence : par ex. il peut être nécessaire d'apporter des éléments complémentaires à écrire au tableau (donc pensez avant à apporter un crayon feutre qui marche !).

▲ **L'utilisation du tableau est aussi judicieuse dans le cas d'un exposé collectif** : pendant qu'un étudiant présente, un autre peut écrire au tableau quelques points saillants. Cela confirme l'impression d'une bonne organisation du travail de groupe, et de sa coordination active.

D'une manière générale, la diversité des supports est souhaitable : par exemple, en plus des diaporamas « classiques », et de vos propres explications, vous pouvez aussi inclure des extraits vidéo, des extraits radio ou des photos, soit à côté du diaporama, soit inclus dans le diaporama (ce qui demande une certaine compétence préalable). Attention cependant à ne pas en abuser : un exposé oral ne doit pas être le simple visionnage d'une vidéo ! C'est pourquoi votre « extrait » (de 2 ou 3 mn) doit nécessairement être commenté et analysé. Il en va de même pour des graphiques et des tableaux, qui ne peuvent être simplement affichés sans présentations ni explications.

Une fois cette première phase de présentation effectuée, vient la seconde partie de la présentation orale, à savoir les réponses aux questions posées par l'enseignant et/ou le public.

▲ **语调要丰富**：强调重要的词汇（概念、转折），让语调和节奏有顿挫，以免太过单调。要注意到观众可能会感到疲乏，并对此做出回应——要么缩短你的演讲，要么来点儿幽默。

使用幻灯片时需特别注意的几处：

▲ **不要站在屏幕前**，而要在旁边（翻页笔可以有效避免你"粘"在电脑键盘上）。

▲ 我们前面已经说过：**常把目光对准观众**。幻灯片能够有效地让你在听众和笔记之间切换，尤其是有激光笔的时候。因此，不能把演讲的所有内容都写到幻灯片上，以免照本宣科——只需要写出必要的关键词（没有什么比一个人念幻灯片上的文字更让人感到无聊的了！）。与此相对，也不能过度发挥：必要的笔记总是有用的，可以避免离题的情况。

▲ 不要成为幻灯片的"奴隶"：需要**密切注意观众的反应**，并做出应对，比如说在白板上写一些补充信息（为此应提前带上一支能用的笔！）。

▲ **在集体陈述时，使用黑板是个明智的做法**：当一个人介绍的时候，另一个人可以在黑板上写些要点。这会证明小组工作分配有条理且协作良好。

总的来说，使用多媒体是不错的做法：比如说，除了传统式的幻灯片和你的口头演讲，你还可以使用视频、音频、照片，要么是在幻灯片外，要么插入幻灯片里（这要求陈述人有一定的技能）。但也应注意不要过多使用——一次口头陈述不能变成视频浏览！这就是为什么你需要对两三分钟的音、视频资料进行评论和分析。图表和插图也是如此，不能只是简单插入而不加以解释。

演讲部分结束后便是口头陈述的第二部分，也就是回答听众提出的问题。

• Le jeu des questions/réponses

L'exposé oral doit toujours laisser du temps pour répondre aux questions suscitées posés par des auditeurs : d'abord celles qui demandent de revenir sur des points précis de l'exposé, puis celles qui permettent d'élargir la réflexion.

Pour les questions d'approfondissement de la réflexion, on peut soit y répondre au fur et à mesure, soit proposer de grouper les questions. Dans ce dernier cas, il est nécessaire de les noter par écrit pour ne pas en oublier. Mais même pour une seule question, l'écrire vous permet de vous donner le temps de la réflexion.

Enfin, sur la forme, quelques rappels :

▲ Les phrases prononcées doivent être des phrases complètes (avec un sujet, un verbe et un complément), et pas des morceaux de phrases non terminés, ce qui est fréquent quand on est trop stressé.

▲ Vous ne devez répondre qu'une fois la question entièrement posée, c'est-à-dire ne pas couper la parole de la personne qui la pose. Parfois, on a envie de répondre immédiatement... mais il faut se donner le temps de bien comprendre toute la question, surtout si elle est longue. Prévoyez donc une feuille sur laquelle vous pouvez écrire la question et vos idées de réponse, en attendant que la personne ait fini de poser la question. Vous les reprendrez ainsi plus facilement au moment de répondre.

• Conclusion

Ainsi, il apparaît clairement qu'un exposé oral, doit être réalisé avec la plus grande rigueur possible. Il se prépare à l'avance et en amont, aussi bien sur le fond que sur la forme. Cette préparation est déterminante pour réaliser la meilleure prestation possible, tant lors de l'exposé oral lui-même, que pour bien savoir répondre aux questions qui le suivent et le complètent.

Nous allons maintenant vous donner un exemple concret de « ce qu'il faut faire et ne pas faire ».

• 问答环节

口头陈述最后需要预留时间来回答听众的提问：首先是回顾演讲内容的相关问题，然后是深化思考的问题。

对于那些深化思考的问题，我们要么一个个回答，要么是将其整合起来统一作答。在第二种情况下则需要将它们记录下来，以免遗忘。再者，即便只有一个问题，写下来也可以给予你思考的时间。

最后，关于形式还要提醒两点：

▲ 我们应该说出完整的句子（有主语、谓语和宾语），避免因紧张而说出不完整的句子。

▲ 你只能在听众提问完之后回答，也就是说，不能打断提问的人。有时，我们很想立即回答，但是要给予自己时间，以更好地理解问题，尤其是问题很长的时候。为此，你可以预备一张纸，在等待别人问完问题的时候记下提问内容和自己的想法。这样一来，你便能更游刃有余地组织答案。

• 结论

由上所述，很显然，口头陈述需要尽可能认真地筹备。从内容到形式，它都需要提前做足准备。无论是在演讲部分还是在问答环节，这些准备都对做出好的陈述起着决定性作用。

下面，我们给出一些具体的例子，解释"该做的和不该做的"。

Exemple concret d'un diaporama d'un étudiant avec nos commentaires

Bonne 1e diapo, avec le titre en gros. Le thème de l'exposé est mis en valeur par l'image de l'alternative entre deux types de développement : l'un, polluant, et l'autre, basé sur les énergies renouvelables (éoliennes, etc.). Il est aussi mentionné le nom des étudiants et des organismes universitaires.

Ici aussi, bonne diapositive d'introduction, avec la problématique, et quelques éléments qui l'éclairent.

> **Introduction : PROBLÉMATIQUE :**
> **Comment l'écologie industrielle**
> **répond-t-elle aux enjeux du**
> **développement durable ?**
>
> • *"Rien ne se crée, rien ne se perd, tout se transforme."* –*Lavoisier*
>
> • Mots–clés : l'écologie industrielle, écosystème, symbiose industrielle, Allenby, Erkman.

第一张幻灯片很好，标题被加粗了。两种发展方式在图片中的对比强调出主题：一种造成污染，另外一种则是基于可再生能源（风能等）。上面还有学生的姓名和大学的名称。

引入部分的幻灯片也很好地提出了论题以及对其进行阐释的几个要点。

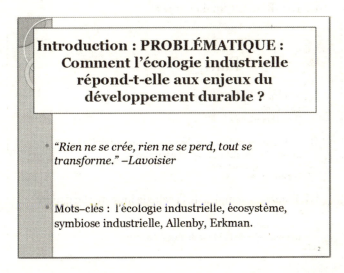

Ici aussi, bonne diapositive d'introduction, avec la problématique, et quelques éléments qui l'éclairent :

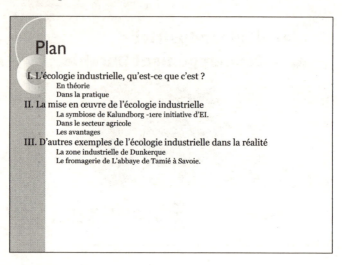

Sur le fond, c'est bien pour le plan... mais sur la forme de la diapo, elle est déséquilibrée et écrite en trop petites lettres (en taille 20 pour les grandes parties et en 16 pour les sous-parties).

On peut améliorer en rééquilibrant la mise en forme et en augmentant la taille des lettres (respectivement en 26 et 20). Il est aussi conseillé de projeter les diverses parties progressivement (d'abord seulement la partie I, puis la partie II, et enfin la partie III). Résultat final ci-après :

这里也是，引入部分的幻灯片很好，有问题以及对其进行阐释的几个要点：

Plan

I. L'écologie industrielle, qu'est-ce que c'est ?
　　En théorie
　　Dans la pratique
II. La mise en œuvre de l'écologie industrielle
　　La symbiose de Kalundborg -1ere initiative d'EI.
　　Dans le secteur agricole
　　Les avantages
III. D'autres exemples de l'écologie industrielle dans la réalité
　　La zone industrielle de Dunkerque
　　Le fromagerie de L'abbaye de Tamié à Savoie.

这个提纲的内容很好，但是在形式上，版面不平衡，字号太小（大标题是20磅，小标题是16磅）。

我们可以让版面设置更协调，调大字体（大、小标题分别是26磅和20磅）。同时，我们还建议按序播放不同的部分（首先只显示第一部分，然后是第二部分，之后是第三部分）。调整后的结果如下：

Plan

I. L'écologie industrielle, qu'est-ce que c'est ?
　　En théorie
　　Dans la pratique

II. La mise en œuvre de l'écologie industrielle
　　La symbiose de Kalundborg -1ere initiative d'EI.
　　Dans le secteur agricole
　　Les avantages

III. D'autres exemples de l'écologie industrielle dans la réalité
　　La zone industrielle de Dunkerque
　　Le fromagerie de L'abbaye de Tamié à Savoie.

Ci-dessous c'est un exemple type de diapositive trop chargée et donc illisible.

La solution ici est simple : il suffit de ne mettre qu'un schéma par diapo !

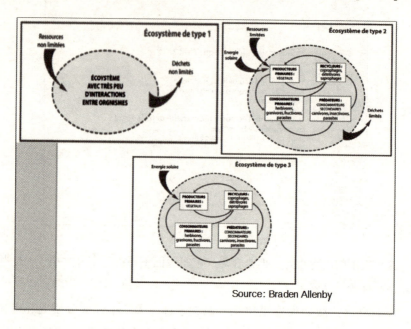

Source: Braden Allenby

下面就是一张典型的因信息冗杂导致文字难以辨认的幻灯片。解决办法很简单：在每张幻灯片上只放一张图片！

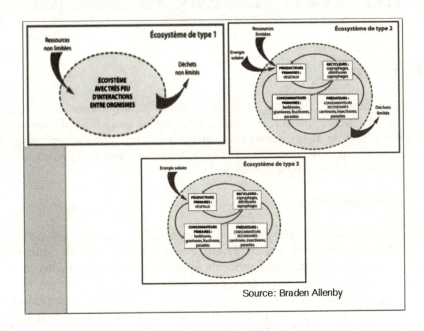

1.11　LES CITATIONS ET LE PLAGIAT

• Les citations

Citer, faire une citation, c'est de reproduire à l'identique dans son travail (sa copie, son mémoire) une ou des phrases d'un auteur en indiquant **clairement** que cette phrase est de lui, pas de vous, qu'elle a été copiée. À l'inverse, **plagier**, c'est de copier une ou des phrases d'un auteur **sans dire** que cette (ou ces) phrase(s) ont été écrite(s) par cet auteur.

On fait une citation :

▲ en la mettant entre guillemets (et même, si l'on veut, en italique) ;
▲ en la faisant suivre d'une parenthèse contenant le nom de l'auteur qui a écrit cette phrase, l'année de sa publication, et éventuellement, le numéro de la page où cette phrase apparaît ;
▲ et en mettant, en bibliographie à la fin du texte, la référence bibliographique du texte dont est extraite la citation ou en la faisant suivre de « *ibid.* » (abréviation du mot latin « *ibidem* » qui veut dire « le même ») lorsque l'on cite à nouveau le même auteur.

Si l'on cite plusieurs textes d'un même auteur, l'année de publication du texte cité mise entre parenthèses permet de les distinguer, par exemple : (Plauchu, 2013). Voici des exemples de citations correctement faites:

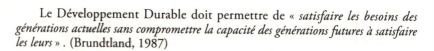

Le Développement Durable doit permettre de « *satisfaire les besoins des générations actuelles sans compromettre la capacité des générations futures à satisfaire les leurs* » . (Brundtland, 1987)

« *Les ressources de la planète sont, certes, limitées, mais suffisantes pour que l'homme puisse y vivre en harmonie et conformément à ses besoins. Le problème est que la soif et le désir de possession de l'homme sont illimités…* » (Gandhi)

1.11 引用与抄袭

• 引用

引用，是指在作业或论文里原封不动地转载某位作者的一句或几句话，并**清楚地注明**引文源于该作者，而非引用者原创。与此相反，**抄袭**是指摘抄了某位作者的话却**未注明出处**。

在引用时，我们需要：

▲ 将引用部分放在引号中（还可以用斜体）；

▲ 在后面用括号注明作者、文章发表的年份，如有必要，还要写明这句话在原著中的页码；

▲ 在文章末尾的参考文献里写明引用文字的出处；而当我们再次引用某个作者时，可以写上ibid.（意为"出处同上"，是拉丁语ibidem的缩写，原意为"相同"）。

当我们引用同一个作者的多篇文章时，可以在括号里加上年份以进行区分，比如：（Plauchu，2013）。以下是几个正确引用的例子[1]。

> 可持续发展应该"既满足当代人的需求，又不损害后代人满足其需求的能力"（Brundtland，1987）。
>
> "地球上的资源的确是有限的，但它足以满足人类的需求，使人类和谐共存。问题在于人类占有的渴求与欲望是无限的……"（甘地）

---

[1] 以本节内容为例，文中谈及的引用格式标准仅限于法语。汉语翻译部分仅作参考，以帮助读者理解，并不一定符合汉语中的引用格式标准。

Les huit « R »

Le passage à des sociétés autonomes, économes et conviviales, repose sur « *l'articulation systématique et ambitieuse de huit changements interdépendants qui se renforcent les uns les autres* » (Latouche, 2007, p. 56). Ces huit principes d'action sont les suivants : réévaluer, reconceptualiser, restructurer, redistribuer, relocaliser, réduire, réutiliser et recycler (Latouche, 2007, p. 58 à 64).

Réévaluer

Il s'agit d'instaurer de nouvelles valeurs pour remplacer le culte de la croissance et de l'argent. Alors que règnent la recherche du pouvoir pour le pouvoir, de l'argent pour l'argent, la cupidité, le déni des cultures..., il faut les remplacer par des valeurs de responsabilité, de respect, de justice, de coopération et de solidarité. Plus profondément, « *il convient de passer d'une croyance dans la domination de la nature à la recherche d'une insertion harmonieuse. Remplacer l'attitude du prédateur par celle du jardinier* » (*ibid.*).

• Le plagiat

L'action de plagier est absolument interdite. C'est en quelque sorte un vol d'idée. De plus c'est une tromperie puisqu'il s'agit de se faire passer pour plus intelligent ou plus savant qu'on ne l'est en faisant croire que l'on a écrit quelque chose de bien soi-même alors qu'on l'a copié. Enfin, ne pas citer empêche d'aller chercher (et vérifier) les preuves de ce qui est avancé, ce qui est pourtant la base de tout travail scientifique.

Le plagiat est lourdement sanctionné. Non seulement on peut se voir attribuer un « zéro » au mémoire. Mais on peut aussi être traduit en conseil de discipline et celui-ci peut prononcer des peines graves comme l'annulation de l'année ou du diplôme, et même l'exclusion de l'université pour une année ou plus. Pour éviter de plagier, il faut donc, avant tout, faire correctement ses citations. On peut aussi, sans citer explicitement, reprendre les idées d'un auteur en les reformulant différemment. Cela ne dispense pas de faire référence à l'auteur. On écrira par exemple : Selon (Dupont, 2005), on peut distinguer trois causes principales à ce problème... Ou encore : Nous reprenons ci-après la typologie établie par (Dupont, 2005) qui distingue trois sortes de...

Exergue – On peut mettre en exergue (= en évidence) une citation au début d'un ouvrage. C'est le cas dans ce livre, dans le chapitre (1.3) « *fiche de lecture* », ou une citation de Fontenelle est mise en exergue.

八个"R" ①

　　社会若要过渡到自主、节约且友善的状态，需要"对八种相互依存、相互影响的变化有一个系统性的、有远见的认识与表达"（Latouche，2007，第56页）。这八项行动原则包括：重新评估、重新设计、重新构建、重新分配、重新安置、减少、再次利用与回收（Latouche，2007，第58到第64页）。

重新评估

　　它是指构建一些新的价值观，以取代对增长与金钱的崇拜。目前，无止境地追求权力和金钱、贪婪、否定文化等观念仍然盛行，应该将这些错误的价值观替换成责任感、尊重、正义、合作和互助。在更深层次上，"需要从征服自然过渡到与自然和谐相处，并将猎食者的心态调整为园丁的心态"（出处同上）。

● 剽窃

　　剽窃是绝对禁止的。这在某种程度上就是偷窃别人的思想。这也是一种欺骗行为，因为它事实上是试图将自己伪装得更聪明、更博学，让人相信自己写了一篇好文章，而它实际上却是抄袭的。并且，不写明引文的出处也让人无法去查证原作者的论据，而查证论据是所有科研工作的基础。

　　剽窃将会受到严重的惩罚。不仅论文可能会得零分，剽窃者还可能要接受纪律委员会的审查，并面临严重的后果，比如这一学年的学业或文凭作废，或被勒令退学一年（甚至更久）。为了避免剽窃，首先就需要正确地引用。我们也可以不必引用原文，而是用自己的话来表达作者的见解。但这样做同样需要提及作者姓名，比如我们可以这样写："根据Dupont（2005），我们可以找到导致这个问题的三个主要原因……"或者："我们这里沿用Dupont（2005）的分类方法，它有三种……"

　　我们还可以使用题词，也就是将一段引用放在文章的开头。本书在"读书笔记"（1.3）的章节中便使用了丰特奈尔的一段引语作为题词。

---

① 原文直译为"八个'R'"，对应的是法语中八个以R/r开头的单词，参见第126页。

1.12 LA RECHERCHE DOCUMENTAIRE

Pour préparer une note de synthèse, un exposé, un rapport, un mémoire, vous aurez besoin de vous documenter. C'est la première étape de votre travail, et elle est importante, car elle conditionne toutes les suivantes. Il s'agit d'identifier puis de rassembler les principaux documents disponibles dont vous aurez besoin pour pouvoir traiter le sujet que vous avez à traiter.

Les principales étapes d'une recherche bibliographique sont : la collecte de l'information, son tri, la constitution d'une documentation opérationnelle, et l'établissement de la bibliographie.

• La collecte de l'information

La recherche systématique en bibliothèque :

▲ définir les mots-clés pertinents ;
▲ explorer les fichiers avec ces mots-clés ;
▲ bien rechercher l'ensemble des supports documentaires : livres, revues, presse, CD-ROM, DVD, etc. Pour un mémoire de master, l'on peut même être amené à consulter une thèse.

La remontée des filières bibliographiques :

▲ à partir de la bibliographie du cours du professeur ou de l'ouvrage de référence qu'il a recommandé, identifier les ouvrages significatifs ;
▲ à partir des références bibliographiques situées en fin d'un article de revue ;
▲ repérer « qui travaille sur quoi » et ensuite faire une recherche par auteur, tant dans les fichiers de la bibliothèque que sur Internet (certains auteurs ont leurs travaux en ligne).

1.12　文献检索

　　准备一篇综述、一次演讲、一份报告或一篇论文都需要查找文献。这是整个过程的第一步，而这一步很重要，因为它决定了之后的所有环节。在这一步，你需要识别你的主题可能需要的主要文献，并将其整理在一起。

　　文献检索主要包括以下步骤：信息搜集、信息筛选、建立文献资料库。

• 信息搜集

图书馆的系统查询方法：

- ▲ 确定合适的关键词；
- ▲ 利用关键词挖掘材料；
- ▲ 查询所有可能的资料形式：书籍、杂志、报纸、CD-ROM、DVD等等。写硕士论文时，我们可以查阅博士论文。

追溯法查询：

- ▲ 基于授课老师提出的参考书目或者他建议阅读的参考文献，识别重要的著作；
- ▲ 基于杂志文章末尾的参考书目；
- ▲ 确定相关领域的作者，然后利用作者的姓名信息，在图书馆或网上（有些作者会将自己的东西放在网上）查找资料。

Parfois même, pour un mémoire de recherche en master, vous pouvez être amené à :

- ▲ la rencontre d'autres personnes travaillant sur le même domaine ou sur des thèmes proches ;
- ▲ participer à un colloque ou à une journée d'étude ;
- ▲ intégrer des réseaux de discussion sur ce thème (forum sur le Web, etc.).

• Le tri de l'information

- ▲ **Organisation chronologique du travail de lecture** : une fois collectés les principaux ouvrages, articles, document qui portent sur le sujet choisi, vous êtes en mesure de « classer » ce qui doit être lu en priorité ou ce qui peut être remis à plus tard.
- ▲ **Allocation de temps selon les ouvrages à lire** : après avoir identifié ce que vous devez lire en priorité, le travail de lecture peut commencer en suivant la règle suivante : « Ne consacrer à un document qu'un temps proportionnel à son importance ». Certains documents, même longs, ne méritent qu'une courte fiche qui permettra juste, si nécessaire, le moment venu, de retrouver l'article ou l'ouvrage. D'autres documents méritent de s'y arrêter, de lire attentivement, crayon à la main, pour prendre des notes et d'écrire une fiche détaillée.

• La constitution d'une documentation opérationnelle

- ▲ Créer des « fiches bibliographiques » : chaque source consultée (livre, document, annuaire...) doit faire l'objet d'une fiche complète et précise. Rédiger la fiche est dans l'optique de pouvoir retrouver facilement la source précise de toute information (citation, chiffre, référence, etc.).

为了撰写一篇硕士研究论文，你有时还可能需要：

▲ 与研究同一个领域或相近主题的人见面；

▲ 参加学术讨论会；

▲ 加入相关主题的网络讨论（比如网上论坛）。

• 信息筛选

▲ 阅读先后顺序的组织：搜集好与主题相关的主要作品、文章和资料后，你就可以确定哪些需要优先阅读，哪些可以放到以后。

▲ 文献阅读时间的分配：一旦确定需要优先阅读的文献，就可以遵照以下规则进行："花在每份材料上的时间应与其重要性相匹配。"有些资料尽管冗长，但只需书写一份简短的记录，以便需要时再重新找到它们。另外一些材料则需要我们专心致志地仔细阅读，边读边记笔记，并书写一份详细的记录。

• 建立文献资料库

▲ 创建"文献记录"：每份参考过的资料（书、文件、年报……）都应该有一份完整、准确的记录。之所以要创建一份记录，是为了方便以后找到信息的确切来源（引语、数据和参考资料等等）。

Structure d'une fiche bibliographique
(voir « La fiche de lecture » dans la première partie)

Informations synthétiques :
▲ Référence précise (elle doit être directement utilisable pour l'établissement de la bibliographie) ;
▲ Résumé en 10 lignes ;
▲ Idées principales, principaux arguments et résultats ;
▲ Chiffres-clés, exemples intéressants ;
▲ Citations à retenir ;
▲ Appréciations personnelles sur l'ouvrage référencé et l'usage à en faire.

▲ Organisation des fiches bibliographiques :
   1) classement des fiches bibliographiques ;
   2) sous forme informatique sur ordinateur ;
   3) sous forme papier dans des fichiers en se laissant la possibilité de découpage et de collages ;
   4) recherche par mot-clé ;
   5) l'idéal est d'avoir un logiciel permettant une recherche par mot-clé.

文献记录的结构

（参见第一部分的"读书笔记"）

概述性信息：

▲ 确切的出处（可直接用于创建参考文献目录）；

▲ 十行以内的总结；

▲ 核心观点、核心论据和结论；

▲ 关键数据和有趣的例子；

▲ 需要记住的引文；

▲ 对所引用的文献及其用处的个人评价。

▲ 文献记录的组织整理：

1）对文献记录进行分类；

2）可在电脑上整理成电子版；

3）可使用能够裁剪、粘贴的纸质版；

4）通过关键词进行搜索；

5）最好有一个可以用关键词进行搜索的软件。

1.13 LES RÉFÉRENCES BIBLIOGRAPHIQUES

Le travail scientifique suppose que tous les arguments avancés par un auteur soient vérifiables par le lecteur, et donc que l'on puisse facilement retrouver les sources des idées avancées ou vérifier l'exactitude des faits évoqués. On comprend alors que la citation minutieuse de ses sources est très importante : la citation correcte d'un document doit permettre de l'identifier, de le retrouver et de le consulter facilement dans une bibliothèque ou sur Internet.

Il est vrai que si l'on note les références uniquement pour soi-même, on peut se contenter de retenir les éléments principaux tels que auteur, titre...suivis de la cote de l'ouvrage dans la bibliothèque de l'UFR (*Unité de Formation et de recherche,* appelée aussi Faculté) ou à la BU (*bibliothèque universitaire*). Mais si on veut citer une source dans un travail écrit, il faut respecter les règles de citation en usage, dont les références bibliographiques. Le respect de ces règles est d'ailleurs l'un signe de votre intégration dans le monde universitaire et dans ce qu'on appelle la « communauté scientifique ».

• Définition

On appelle « **référence bibliographique** » l'ensemble des éléments de données nécessaires pour identifier un document ou une partie de document de tout type, sur tout support (livre, article, site web, etc.) et pour pouvoir le retrouver et y accéder. Ces références sont plus ou moins nombreuses selon la nature du travail, plus ou moins approfondie.

On appelle « **élément d'identification** » chacune des informations nécessaires pour pouvoir identifier, repérer et retrouver un document. Chaque référence bibliographique doit comporter les éléments suivants :

- ▲ la source : l'auteur, l'éditeur, l'hébergeur ;
- ▲ la datation : date d'édition, de réédition, et pour les documents en ligne, date de création, de mise à jour, de consultation ;
- ▲ le titre du document (livre, etc.), ou de l'extrait (chapitre d'un livre, article d'une revue), et dans ce cas, le titre du document dont est tiré cet extrait : (ouvrage collectif, périodique, encyclopédie ou site web hôte de l'extrait faisant l'objet du référencement) ;
- ▲ la collation : volume (Tome I, Tome II) s'il y a lieu, et le nombre de pages.

1.13 参考文献

科研工作的一个前提是作者提出的所有论据都能够被读者验证，读者很容易便能找到作者所述观点的源头，或检验书中引用事实的准确性。仔细给出出处的重要性便在于此：正确引用资料意味着它可以被识别，能在图书馆或网络上即刻查询。

当然，如果只是为自己标记图书索引，那么我们只需记下一些主要元素，如作者、标题……后面再写上这本书在学院图书馆或大学图书馆里的编号。但若是书面作业中的引用，则需要遵守通行的规则，包括参考文献的引用规则。对这些规则的遵守也是你融入大学世界和所谓的"学术界"的标志之一。

● 定义

所谓"**参考文献**"是指所有方便识别、查阅一份文件或其中一部分的必要数据元素的集合，这些文件可以是任何类型，源于任何载体（书、文章、网站等等）。根据研究性质的不同，文献的数量不等，深入程度也不同。

我们将任何便于识别、区分和找到一份文件的任一必要信息称为"**识别元素**"。每条参考文献需要包含以下识别元素：

▲ 来源：作者、出版社、网页服务商；

▲ 日期：出版日期、再版日期；对于在线材料，需要写明创建日期、更新日期和查询日期；

▲ 文件（一本书或其他资料）的名称或节选材料（书的章节、杂志里的文章）的标题；如果是节选，还需要写明节选出处的书名或标题（被引用部分的来源：学术文集、期刊、百科全书、网站）；

▲ 如果源文件有很多部（第一部、第二部等），需注明部数及页码。

Notons que ni le numéro normalisé (ISBN ou ISSN) ni la cote dans telle ou telle bibliothèque ne font partie de la référence bibliographique elle-même, même s'ils sont bien utiles pour retrouver le document ! En effet, la cote est un élément de localisation du document dans une bibliothèque donnée, et elle varie donc selon les bibliothèques.

Dans le cas des documents en ligne, le document est identifiable par son adresse URL (*Uniform Resource Locator*) puisque chaque page a une adresse spécifique mentionnant le chemin d'accès aux données (répertoires, sous-répertoires, fichier) permettant de retrouver cette page sur le Web. Notons que, comme les pages Web sont susceptibles d'être modifiées à tout moment par leur(s) auteur(s), il faut en toute rigueur indiquer également la date de consultation du site.

- **Origine des règles**

  ▲ **La coutume** – Depuis des siècles, et dans tous les cas, la coutume est qu'un texte cité doit être mis entre des guillemets et suivi au moins du nom de son auteur, avec indication de sa référence en bibliographie en fin de texte.

  ▲ **Les normes** – Au fil des décennies, les règles ont été précisées par les professionnels de l'information et de la documentation, et chacun doit maintenant tenir compte des règles convenues dans la norme internationale de citation de références bibliographiques ISO 690, reprise comme norme française Z44-005, et complétée par la norme internationale ISO 690-2 : R.1997 pour les documents électroniques. D'autres règles, internationales (par exemple MLA) ou propres à une discipline, peuvent être utilisées dans des travaux d'étudiants ou de chercheurs. Pour les distinguer, on parlera de *style français* et de *style américain*.

- **Règles d'établissement d'une référence bibliographique**

  Voici, selon le type de document, des exemples de références de citations conformes à ces règles (**style français**).

  ▲ **Livre** : NOM et prénom de l'auteur, *Titre de l'ouvrage* (en italique), Ville d'édition, Éditeur, Année de publication, nombre de pages.

Exemple du style français (livre)

FERGUENE Améziane et CHANEL Armand, *Analyse sociologique des organisations – Éléments pour le diagnostic organisationnel*, Meylan, Éditions Campus Ouvert, 2015, 162 p.

请注意，国际标准书号（ISBN）或刊号（ISSN）以及图书馆的图书分类编号都不属于识别元素，即便它们对于找到某个文件很有用！而图书馆给书的编号只是一项便于在特定图书馆找到该书的辅助信息。图书馆不同，编号也不同。

在线资料可以通过网址识别，因为每页都有一个具体的地址，涵盖了该页面的访问路径（目录、次目录、具体文件）。请注意，网页随时都可能被作者更改，所以也需要严格地写明访问网站的日期。

• 规则起源

▲ **约定俗成**：几百年来，任何情况下通用的做法都是将引用文字放在引号中，紧接着至少写明作者姓名，并在文章末尾注明文献来源。

▲ **规范要求**：几十年来，信息和档案领域的专业人士对索引规则进行了细化，现在所有人都应遵守国际图书索引规范ISO 690、法国版的Z44-005以及后来添加的针对电子材料的国际标准ISO 690-2：R.1977里的规则。其他国际的（比如MLA）或是专属于某个专业的规则也可能在学生作业或研究工作中用到。针对这些规则，本书将区分法式做法及体系和美式做法及体系。

• 参考文献著录规则

根据资料类型，以下列出了一些符合**法式**著录规则的文献示例。

▲ **书籍**：作者姓名，书籍标题（斜体），出版城市，出版社，出版年份，页码。

📖 法式文献格式示例（书籍）

FERGUENE Améziane et CHANEL Armand, *Analyse sociologique des organisations – Éléments pour le diagnostic organisationnel*, Meylan, Éditions Campus Ouvert, 2015, 162 p.

▲ **Article** : NOM et prénom de l'auteur, Titre de l'article, *Titre de la revue* (en italique), année de publication, volume (= n° de la revue), pagination (de l'article : page tant à tant).

Exemple du style français (article)

DUBOIS Paul, « Ruptures de croissance et progrès technique », *Économie et Statistique*, INSEE, Paris, n°27, oct.-nov. 1985, pp. 3-31.

URCUN Aude, RENOU Yvan, PLAUCHU Vincent, « Gouvernance non souveraine et régulation des services de l'eau à Monrovia (Liberia) », *Revue Tiers Monde* n°203 (3/2010), pp. 159-180, Armand Colin. Disponible sur : http://www.revues.armand-colin.com/geographie-economie/revue-tiers-monde/revue-tiers-monde-ndeg-203-32010-reforme-services-publics-reseaux-ndeg-203-32010/gouvernance-non-souveraine.

Le style américain se distingue principalement par le fait :

1) d'indiquer dans le texte et entre parenthèses le nom de l'auteur et l'année de publication du texte ;
2) d'indiquer dans la référence bibliographique la date de publication juste après le nom et prénom de l'auteur ;
3) de classer, dans la bibliographie, les diverses références d'un même auteur par année.

Exemple du style américain

Dans le texte : « xxxxxxxxxxxxxxxxxxxxxxxxx » (Plauchu, 2013)

Dans la bibliographie : Plauchu Vincent (2013), *Socio-économie de l'environnement*, Meylan, Éditions Campus Ouvert, 262 pages.

▲ **文章**：作者姓名，文章标题，期刊名称（斜体），发表年份和期刊卷号，文章的起止页码。

💾 法式文献格式示例（文章）

Dubois Paul, « Ruptures de croissance et progrès technique », *Économie et Statistique*, INSEE, Paris, n°27, oct.-nov. 1985, pp. 3-31.

Urcun Aude, Renou Yvan, Plauchu Vincent, « Gouvernance non souveraine et régulation des services de l'eau à Monrovia (Liberia) », *Revue Tiers Monde* n°203 (3/2010), pp. 159-180, Armand Colin. Disponible sur : http://www.revues.armand-colin.com/geographie-economie/revue-tiers-monde/revue-tiers-monde-ndeg-203-32010-reforme-services-publics-reseaux-ndeg-203-32010/gouvernance-non-souveraine.

美式文献格式的主要不同点在于：

1）在正文里用括号标明作者姓氏和文章发表年份；

2）在参考文献里，作者姓名后面需紧跟出版年份；

3）在文献目录里，将同一作者的不同著作按年份排序。

💾 美式文献格式示例

在正文里：« xxxxxxxxxxxxxxxxxxxxxxxx » (Plauchu, 2013)
在参考文献里 : Plauchu Vincent (2013), *Socio-économie de l'environnement*, Meylan, Éditions Campus Ouvert, 262 pages.

▲ **Site internet :**

On indiquera l'adresse du site si on renvoie à l'ensemble du site.
Exemple : http://www.worldometers.info/fr/.
Mais le plus souvent on fera référence à une page en particulier.
Exemple : http://blogs.upmf-grenoble.fr/vincentplauchu/developpement-durable/.

• **Règles de structuration d'une bibliographie**
La bibliographie va regrouper toutes les références bibliographiques classées en trois ou quatre catégories[1] :

▲ Les **ouvrages** utilisés ;
▲ Les **articles** utilisés ;
▲ Les **sources internet** utilisées ;
▲ Les **autres documents** tels que les documents internes à une entreprise ou une administration par exemple. En effet, il importe de mentionner explicitement les sources d'information non publiées auquel l'auteur du mémoire a emprunté des idées, des schémas, statistiques, opinions, etc. Tel est le cas pour les documents internes à une entreprise, un syndicat professionnel, etc.

À l'intérieur de chacune de ces catégories, les références seront elles-mêmes classées par ordre alphabétique d'auteurs.
Ne gonflez pas artificiellement votre bibliographie avec des références que vous n'avez pas consultées, vous ne devez faire figurer que ce que vous avez effectivement utilisé pour votre étude.
Une bibliographie doit donc être établie avec méthode, rigueur et honnêteté intellectuelle.

---

[1] Dans les articles scientifiques, on mélange souvent les ouvrages et les articles utilisés en une seule catégorie, mais dans un mémoire d'étudiants, il vaut mieux les distinguer.

▲ **网站**：

如果我们指向的是整个网站，则需粘贴网站的地址，如：http://www.worldometers.info/fr/。

但更多时候我们指向的是某个具体的页面，如：http://blogs.upmf-grenoble.fr/vincentplauchu/developpement-durable/。

• 文献目录构建规则

所有文献可大致分为三到四类[①]：

▲ 引用的**著作**；

▲ 引用的**文章**；

▲ 引用的**来自网络的材料**；

▲ **其他引用的材料**，如企业和政府机构的内部材料。事实上，清楚地标明作者写论文时借用的思想、图表、统计数据、观点等未发表信息的出处也是很重要的。引用企业或行业工会等的内部文件时就应如此。

每种类型里面，文献又将按照作者姓名的字母顺序排列。

不要拿你没有查阅过的文献来蒙混过关，你只能写上你研究时真正用到的材料。

由此可见，文献目录的建立需要具备条理性、严谨度和学术上的诚实。

---

① 科技文献通常将引用的著作和文章合并为一种，但是在学生的论文中，最好还是将其分开。

SAVOIR PRÉSENTER DES TRAVAUX ÉCRITS

En général, sur une copie ou un travail écrit que vous rendez :

- ▲ Vous mettez en haut à gauche votre prénom (en lettres minuscules, sauf la première lettre) et votre nom (en lettres majuscules) , sans cela l'enseignant n'arrive pas à distinguer le nom et le prénom ;
- ▲ En dessous, vous inscrivez l'année de formation, le parcours ou la spécialité (et le groupe de travaux dirigés s'il y a lieu) ;
- ▲ De l'autre côté (à droite), vous mettez la date (en français, l'ordre est : jour/mois/année, par exemple 12 janvier 2017) ;
- ▲ Il est d'usage de laisser des marges (en haut, en bas, à gauche, à droite) suffisantes pour que l'enseignant puisse mettre des annotations ;
- ▲ Mettez un titre à votre travail pour qu'il n'y ait pas d'hésitation sur la nature du travail rendu, par exemple : fiche de lecture, note de synthèse…

Votre copie va donc ressembler à ceci :

Yao TANG
L3 AEGE, Gr B2

06/04/2017

Note de lecture

....
....
....

Dans le cas d'un travail tapé à la machine, vous utilisez *Time New Roman* 12 en intervalle 1,15, et en intervalle 1,5 pour un mémoire.

Si c'est un travail manuscrit (ce qui est le cas pour les examens écrits en épreuve « sur table » surveillée), attention à bien écrire. Si le correcteur a de la peine à vous lire, cela se ressentira probablement dans sa note !

1.14 学会呈现书面作业

一般来说，在交一份答卷或一份笔头作业时：

▲ 需要在页面的左上角写上你的名（首字母大写）和姓（所有字母都大写），否则老师无法区分名与姓；

▲ 紧接着在下面写上年级、课程或专业（如果小组指导课分了小组的话，也需要写上组别）；

▲ 在右上角写上日期（法语里按序排列的时间格式是日/月/年，比如12/01/2017是指2017年1月12日）；

▲ 通常也需要在页面的上下左右留下足够的空白，以便老师批注评语；

▲ 给作业标注题目，使得作业性质一目了然，比如：阅读笔记、综述……

综上，你的作业将以如下形式呈现：

Yao TANG   06/04/2017
L3 AEGE, Gr B2

                                              Note de lecture

....

....

....

在电脑上完成的作业，字体请用Times New Roman，字号12，行间距1.15；如果是论文，行间距为1.5。

若是以手写方式完成的作业（有老师监考时的答卷就是如此），则需工整书写。如果改卷人看不清你的答卷，这很可能会反映在你的得分中！

Deuxième Partie

Bien passer ses examens : l'organisation de l'évaluation des étudiants

第二部分

——————

顺利通过考试：
组织学生考评

LES DIFFÉRENTS TYPES D'ÉPREUVES

Les différents systèmes universitaires de divers pays ont chacun leurs particularités. Celles-ci concernent les cursus, les programmes, les méthodes pédagogiques, les moyens, et, bien sûr, les modalités d'examens.

En ce qui concerne ces dernières, les méthodes utilisées en France ressemblent à celles qui sont utilisées partout dans le monde (et notamment en Chine) : examens écrits ou oraux, avec ou sans documents, surveillés ou à domicile, en temps limité ou non. Elles sont cependant différentes sur certains points : fréquence de la dissertation, place importante de la réflexion critique, faible part des oraux, place et modalités du contrôle continu.

A. Les objectifs de l'évaluation 〉〉〉

De nos jours, un diplôme ne certifie pas seulement que l'étudiant a acquis des connaissances (« des savoirs ») mais qu'il a également appris des « savoir-faire » et des « savoir-être ».

Toutes les sortes d'épreuves vont permettre de vérifier l'acquisition de ces trois types de savoirs, mais il est clair que certaines épreuves visent surtout à vérifier l'acquisition de connaissances, d'autres plutôt à tester les savoir-faire maîtrisés, et d'autres enfin à observer les savoir-être.

B. Les moyens de l'évaluation 〉〉〉

▲ L'acquisition des connaissances est vérifiée par des questions lors d'épreuves écrites ou orales sans accès à des documents. Exemple : questions de définition, questions à choix multiples (QCM), questions portant sur un chapitre du cours, questions transversales faisant appel à des connaissances disséminées dans l'ensemble du cours.

2.1 不同类型的考试

各国不同的大学体制有各自的特点，体现在其课程设计、教学计划、教学方法和手段等方面，当然也包括考试方法。

法国采用的考试方法跟其他国家有很多相似之处（尤其是中国）：笔试或口试、可否查阅资料、有人监考或在家完成、有无时间限制等。然而，它在某些方面和其他国家又有一些差别：法国注重在论文中考查批判性思维，口试相对较少，重视日常测试，并且日常测试的方式有自己的特色。

A. 考评目的 ⟩⟩⟩

当今的文凭意味着你作为学生不仅学到了知识，还学到了专业技能和行事能力。

所有形式的测试都可以考评学生是否获得了这三种形式的能力，但很显然，一些考试的目标在于检查学生是否学到了知识，另一些则在于考查技能，其他的则在于考查行事的能力。

B. 考评办法 ⟩⟩⟩

▲ 对知识的测评通过笔试或口试时的问题来完成，不可查阅资料。例如：写出定义、多选题、有关某一节课的问题以及囊括整门课程的问题。

▲ L'acquisition de savoir-faire est vérifiée par des exercices ou des problèmes à résoudre : un problème est énoncé et l'étudiant doit proposer une solution. Par exemple, problème de mathématique, de comptabilité, de statistiques ; traduction (thème ou version), étude de cas en gestion, etc.

▲ L'acquisition de savoir-être est vérifiée par des épreuves permettant à l'étudiant de montrer qu'il les possède. Exemple : un examen oral permettra d'évaluer sa clarté d'exposition, sa capacité à réagir tout en respectant son interlocuteur, sa capacité à convaincre... Un examen écrit de type dissertation permettra d'évaluer sa capacité d'analyse, sa capacité de synthèse, son esprit critique tout en étant soucieux de prendre au sérieux les arguments opposés.

C. Les grandes formes utilisées pour évaluer ⟫⟫⟫

Les grandes formes d'examens utilisées sont principalement la dissertation écrite, l'oral de 15 ou 20 minutes, l'exposé oral, le dossier, la note de synthèse...

Notons que ces épreuves apparaissent parfois comme très artificielles aux yeux de certains étudiants qui disent : « dans la vraie vie (sous-entendu : dans ma future vie professionnelle), je n'aurai jamais à faire une dissertation en trois heures, ni un oral en dix minutes ni un exposé en 20 minutes ». Détrompez-vous : au-delà de leur forme stylisées, elles sont très utilisées dans la pratique.

En effet, chaque fois que votre supérieur vous demandera « faite-moi une note sur cette question pour demain matin », n'est-ce pas une dissertation en 3 heures (introduite, structurée et conclue) si vous ne voulez pas y passer la nuit ? Quand il vous demandera d'expliquer rapidement les grands axes de la démarche qualité de votre service, n'est-ce pas l'examen oral de dix minutes ? Et quand vous devrez présenter à vos collègues la nouvelle procédure comptable, n'est-ce pas l'exposé oral que l'on vous demande à l'université ?

Enfin, quand il vous dira : « Je n'ai pas le temps de lire tout ce rapport : faites-moi une synthèse en deux pages », n'est-ce pas ce à quoi vous prépare la « note de synthèse » ?

D. Les particularités du système français ⟫⟫⟫

Par rapport aux autres systèmes, on peut dire que le système français se distingue par quelques grandes tendances :

▲ 对技能的考查通过练习或解决具体的问题来完成：面对一个问题，学生需要找到解决的办法，例如数学、会计或统计学方面的问题，翻译（母语翻译成外语、外语翻译成母语），管理学方面的案例研究。

▲ 对行事能力的考查则通过其他有针对性的测试来完成，例如：口试可以考评学生的论述是否清晰，是否在尊重考官的前提下进行应答，说服力如何……论文类的笔试可以考评分析能力、综合能力以及认真考量不同论点论据的批判性思维。

C. 考评的主要形式　　　　　　　　　　　　》》》

考评形式主要是撰写论文、15或20分钟的口试、口头陈述、制作资料档案、做综述笔记等等。

请注意，这些测试在有些学生看来华而不实，他们会说："在现实生活中（暗含的意思：在我未来的职业生涯中），我才不需要用3个小时来写一篇论文、做10分钟的口试或20分钟的演讲。"别上当，除了形式，这些考试在实际中运用得非常广泛。

事实上，当你的上司跟你说"明天早上给我一份关于这个问题的简述"时，如果你不想整夜都耗在上面，这难道不是一份需要3小时完成的论文吗（需要写导语、架结构、出结论）？如果他请你快速解释你所在部门的质量流程要点，难道不是10分钟的口试吗？当你向同事解释新的会计程序时，这难道不是你在大学里做的口头陈述吗？

最后，你的上司可能会跟你说："我没有时间阅读整个报告，给我写一份两页的综述吧。"这不就是你做综述笔记所锻炼的能力吗？

D. 法国体系的特点　　　　　　　　　　　　》》》

与其他体系相比，法国的教育体系有以下几大特点：

▲ Importance relativement moindre des épreuves centrées sur la seule vérification de l'acquisition des connaissances. Moindre fréquence des QCM (Questions à Choix Multiples). Être capable d'apprendre « par cœur » ne suffit pas pour réussir en France.

▲ Importance relativement plus grande des épreuves permettant de vérifier la capacité à analyser, et à critiquer.

▲ Importance accordée à la capacité de classer ses idées et de les présenter clairement de façon ordonnée et synthétique.

▲ Importance accordée à la dissertation.

▲ Dans les filières professionnelles, importance accordée aux épreuves pratiques permettant d'évaluer la capacité à mettre en œuvre des savoir-faire pour résoudre un problème pratique.

E. La question du contrôle continu 》》》

Depuis 50 ans en France, on pratique le contrôle continu. Attention : ne pas le confondre avec l'existence d'examens partiels et d'examens terminaux – qu'il y ait deux épreuves au lieu d'une seule ne permet pas de parler de contrôle continu. Celui-ci suppose que l'étudiant soit évalué sur un ensemble de travaux de tous types étalés tout au long de l'année.

Depuis longtemps déjà, les matières principales (droit, économie, gestion…) et les matières en petits groupes (langue, mathématiques, statistiques, informatique) donnent lieu à un contrôle continu en cours d'année, et celui-ci comptait généralement pour 30 % de la note finale. Cette tendance s'est généralisée et étendue, au point qu'en licence ou en master, certaines formations sont évaluées essentiellement à partir du contrôle continu en cours d'année, parfois même à 100 % !

F. Qu'appelle-t-on « examen blanc » ? Semaine blanche ? 》》》

On appelle « examen blanc » un examen qui se déroule strictement dans les formes de l'examen final, mais dont les résultats ne sont pas pris en compte : il a pour but essentiellement de s'entraîner à composer dans les conditions réelles de l'examen.

On parle de « semaine blanche » s'il y a une semaine sans cours (ou avec très peu de cours) juste avant les examens, afin d'avoir du temps pour faire ses révisions.

- ▲ 单纯考查知识点的测试的重要性相对较弱。多选题的形式不那么常见。单靠死记硬背无法在法国的考试中获得成功。
- ▲ 考查分析和批判能力的考试相对更重要。
- ▲ 注重组织思维及清晰、有序、概括地陈述的能力。
- ▲ 注重论述能力。
- ▲ 职业专科学校常利用实践考试来考查学生运用所学知识解决实际问题的能力。

E. 日常测试

法国采用日常测试已经有50年了。注意：不要把它与期中考试和期末考试混淆——举行两次考试不足以被称为日常测试。日常测试的意思是，学生的成绩是通过分散在全年的各种作业考评出来的。

主要科目（法律、经济、管理等）以及小班教学的科目（语言、数学、统计学、计算机等）采用日常测试已经有很长的历史，日常测试的结果通常占最后总分数的30%。这种做法已经普及到其他科目，并占据了更大的比例，以至于在本科及硕士阶段，有些专业主要依靠日常测试计分，有时甚至占到100%的比例！

F. "白色考试"是什么？"白色星期"呢？

我们将严格遵守期末考试形式但成绩不纳入考评结果的考试称为"白色考试"（相当于模拟考试），其作用在于为正式考试热身。

我们将考试前（很少甚至没有课）的一周称为"白色星期"，也就是复习周，它通常是学生用来复习的时段。

2.2 LA DISSERTATION

La dissertation est un exercice académique très codifié et un peu difficile. Mais comme il est très fréquent en France, il faut bien le maîtriser.

La durée lors des examens est en général de 2 ou 3 heures. Mais en devoir à la maison, il peut prendre une dizaine d'heures de travail !

Ce qu'est une dissertation

C'est la réponse à une question de façon claire, ordonnée et argumentée.

- ▲ Dans une introduction, l'étudiant précise la façon dont il comprend la question et la manière dont il va y répondre ;
- ▲ Dans un développement en deux ou trois parties, l'étudiant répond de façon ordonnée et argumentée à la question ;
- ▲ Dans une conclusion il reprend ses résultats et les met en perspective.

Ce que n'est pas une dissertation

- ▲ Ce n'est pas déverser des connaissances en vrac dans un discours non construit ;
- ▲ Ce n'est pas faire du remplissage faute de connaissances dans un verbiage creux ;
- ▲ Ce n'est pas répondre à une autre question que la question posée dans un discours hors-sujet.

Les étapes de rédiger une dissertation

Il y a cinq grandes étapes pour rédiger une dissertation : **la compréhension du sujet, la recherche des idées, l'élaboration d'un plan, la rédaction,** et **la relecture.**

2.2　论文

论文写作是一种极具系统性并有一定难度的学术训练。它在法国很常见，因此我们需要掌握好这一门技能。

论文考试通常持续两三个小时。但如果是家庭作业，完成一篇论文可能需要十多个小时的工作。

什么是论文

论文是针对一个问题给出的清晰、严谨、有理有据的答案。

▲ 在导语部分，你需要解释自己如何理解这个问题以及将如何回答；

▲ 在两到三个部分的论述中，你需要给出结构严密、有理有据的回答；

▲ 在结论处，你需要把答案再做简述，并进行展望。

什么不是论文

▲ 论文不是杂乱无章地铺排学识；

▲ 写论文不可不懂装懂，废话连篇；

▲ 论文不能文不对题。

撰写论文的步骤

撰写论文有五个重要步骤，即**理解主题、寻找思路、拟提纲、写作**和**通读校正**。

Schéma de réalisation d'une dissertation

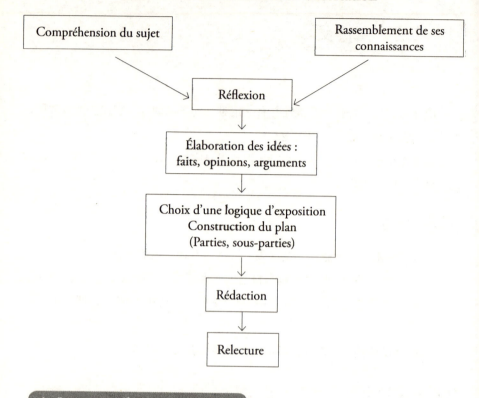

A. La compréhension du sujet ————————————— 〉〉〉

▲ Il faut le lire, le relire et le re-relire plusieurs fois pour éviter les contre-sens et les hors-sujets.

▲ Bien identifier les notions concernées : Ne pas confondre par exemple « nation, état, pays, peuple, ethnies, territoire », ou « PIB, revenu national, richesse, monnaie », ou encore « classes sociales, catégories socioprofessionnelles, milieux sociaux »...

▲ Bien identifier ce que précisent les conjonctions de coordination (« et »), les conjonctions disjonctives (« ou ») qui contribuent à borner l'étendue du sujet.

▲ Aucun terme n'est anodin, aucun mot n'est inutile, tous concourent à préciser la question, par ex : « toujours » dans une question appelle à une discussion sur l'existence ou non d'exception(s), « parfois », sur l'existence de cas particuliers.

Terminer cette étape importante de réflexion en se posant la question suivante : finalement, que me demande-t-on ? Qu'attend-on de moi ?

论文写作步骤图

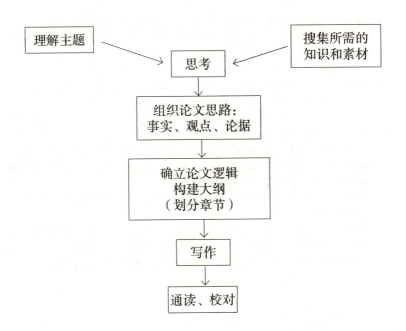

A. 理解主题 ⟫⟫⟫

▲ 阅读、阅读、再阅读题目，以避免理解错误或跑题。

▲ 认真区分相关概念：不要混淆意思相近的概念，比如"主权国家、国家机构、国家或地区、人民、民族、领土"，或"国民生产总值、国民收入、财富、货币"，或"社会阶级、社会职业类别、社会阶层"……

▲ 仔细区分并列连词"和"与旨在界定题目外延的更替连词"或"。

▲ 题目中没有无足轻重的词，没有无用的字，所有的词的存在都是为了让题目更加明确，比如说：题目中的"总是"是为了引起对是否有例外的讨论，"偶尔"则是针对个案的存在。

结束这个重要的思考步骤之前，还需要问一下自己：出题人到底问了什么？对答案有什么样的期待？

- **Caractériser le sujet**

  ▲ Si c'est une question de comparaison : on attend de moi que je présente deux ou trois approches différentes d'un même problème, d'un concept. C'est une question de cours transversale.
  Exemple : « *Croissance économique et développement* ».

  ▲ Si c'est une question de réflexion : on attend de moi que je prenne une position argumentée, que je défende un point de vue.
  Exemple : « *La croissance économique entraîne-t-elle en général une réduction de la pauvreté ?* »

  ▲ Si c'est un sujet de synthèse : on attend de moi que je prouve mon aptitude à aller chercher des connaissances en différents points du cours pour répondre à la question.
  Exemple : « *Le régime de changes flexibles est-il préférable au régime de changes fixes ?* »

  ▲ Si c'est à la fois un sujet de synthèse et une question de réflexion : je dois défendre un point de vue sur la base d'une synthèse.
  Exemple : « *Existe-t-il un modèle d'organisation d'entreprise ?* ».

B. La recherche des idées 〉〉〉

C'est une étape de « remue-méninges » (« *brain storming* » en anglais) où l'on laisse venir les idées par libre association, où l'on note tout ce qui semble concerner le sujet de près ou de loin sur une feuille de brouillon.

  ▲ On procède par association, par opposition à partir de chacun des termes du sujet ; on explore les différents aspects de chaque notion : leur définition, leur origine, leur utilisation, etc.

  ▲ On explore les limites en identifiant ce qui serait hors-sujet.

  ▲ On recherche quelques faits et chiffres (données quantitatives).

  ▲ On recherche à quelles(s) théorie(s) la notion se rattache, ou à quel courant de pensée.

  ▲ On cherche une ou deux citations ou au moins un ou deux auteurs à citer.

  ▲ On recherche des éléments géographiques ou historiques précisant un contexte.

  ▲ On se demande à quel moment ce thème a été abordé en cours et/ou en TD.

- **对问题进行定性**

  ▲ 比较型问题：提问人希望你对同一个问题或概念提出两到三种不同
  解决方式。这类问题涉及很多节课的内容，例如"经济增长与发展"。

  ▲ 思考型问题：提问人希望你选定一个辩论的立场，并为一个特定的
  观点辩护，例如"经济增长是否通常会减少贫困？"

  ▲ 综合型问题：提问人希望你证明自己具备搜集上课时学到的不同知识
  点并回答问题的能力，例如"浮动汇率制是否比固定汇率制更可取？"

  ▲ 如果问题同时是综合型和思考型的，则需要你在综合考虑的基础上
  论证一个观点，例如"是否存在一种企业管理的模板？"

B. 寻找思路

这一步涉及"头脑风暴"。我们需要自由发挥想象，并在一张草稿纸上记
下所有可能与主题相关的词，无论联系是否紧密。

  ▲ 先选择与主题中所有的词相关或相反的词，再去考察每个概念的定
  义、源头、用途等不同方面；

  ▲ 考察外延，以确定跑题的部分；

  ▲ 寻找事实或数据（量化的信息）；

  ▲ 思索这个概念可以联系到哪些理论或哪些思想流派；

  ▲ 找到一两段引语，或一两位可引用的作者；

  ▲ 寻找一些界定背景的地理或历史元素；

  ▲ 思考这个主题曾在哪节大课或小组指导课里出现过。

C. L'élaboration d'un plan

Il s'agit de trouver un plan permettant de bien traiter le sujet. Le plan dépend bien sûr de la nature du sujet.

Si c'est une question de synthèse, le plan obéira à une logique d'exposition, de classement des idées. Par exemple sur le concept « *La notion de développement économique et social* », un plan peut s'organiser de façon suivante :

▲ Définition et Origine ;
▲ Utilité et Utilisation ;
▲ Limites et Critiques.

Si c'est une question de réflexion, le plan découlera de la problématique adoptée. Il y a alors deux cas :

▲ La problématique est dictée par le sujet et le plan en découle.
Exemple : « *La croissance est-elle favorable au développement ?* »
▲ La problématique est à choisir et le plan est à élaborer.
Exemple : « *Entreprise et Éthique* ».

* * *

« *Il s'agit de construire un plan adéquat en veillant à la parfaite cohérence des enchaînements et en s'assurant que les éléments retenus se succèdent selon un ordre logique : les principes précèdent les conséquences, les effets suivant les causes, le secondaire découlant de l'essentiel.* » (Ferreol).

Il faut ensuite faire le plan de l'introduction générale :

▲ Actualité et/ou intérêt du sujet (mettre le lecteur en appétit !) ;
▲ Compréhension du sujet : définition des termes du sujet et de leurs relations/interactions ;
▲ Explication de la problématique : c'est le point le plus crucial (voir plus loin) ;
▲ Annonce du plan.

拟提纲是为了找到一个能很好地探讨该主题的架构。当然，这个架构取决于主题本身的性质。

如果是一个综合型的问题，那么提纲需要符合陈述以及整理思路的逻辑。比如说针对一个概念，以"经济与社会发展的概念"为例，可按照下面的方式组织提纲：

▲ 定义及起源；

▲ 用途及使用方法；

▲ 局限及批判。

如果是一个思考型的问题，提纲则取决于论题。有两种情况：

▲ 主题已经决定了论题，提纲便可由此产生，比如："经济增长是否有利于发展？"

▲ 核心问题待定，提纲待拟，比如"企业与道德"。

* * *

"（拟提纲）就是要搭建一个合适的架构，以保证文章前后连贯，内容衔接符合逻辑：原则要先于后果，结果紧跟原因，主要的引出次要的。"（费雷奥尔）

然后需要拟一个总导语的提纲：

▲ 主题的现实性及意义（以吊起读者的胃口）；

▲ 对主题的理解：主题用词的定义，以及它们之间的关系/相互作用；

▲ 解释论题——这一点是重中之重（后面我们会谈到）；

▲ 展示文章架构。

Il faut enfin faire le pan du développement :

- ▲ Un plan équilibré en deux ou trois parties (résumées par un titre). Chaque partie est introduite et conclue.
- ▲ Un plan structuré en parties, sous-parties et éventuellement sous-sous-parties.
- ▲ Alterner chiffres et lettres :

I

A

1

a

- ▲ On peut aussi utiliser la phrase-plan. Une phrase-plan est une phrase qui condense tout le plan et permet de s'assurer que les parties sont bien articulées entre elles. Exemple : « *Après avoir vu en quoi croissance et développement peuvent aller de pair, on verra qu'ils peuvent parfois être en contradiction* ».

Il faut faire ensuite le plan de la conclusion générale :

- ▲ Rappel des conclusions partielles (conclusion de partie).
- ▲ Conclusion générale : retour sur la problématique.
- ▲ Élargissement et mise en perspective.

Il existe plusieurs sortes de plans :

- ▲ plan thématique – c'est le plus simple : ce sont les différents thèmes du sujet.

Exemple : « *La balance des paiements* »

I/ Un outil comptable indispensable...
A/ La construction de la balance des paiements...
B/ Les principaux soldes de cette balance et leur interprétation...

II/ ...Qui permet de mener des politiques économiques...
A/ Le solde commercial et la politique du commerce extérieur...
B/ Le solde des transferts de capitaux et la politique des IDE entrants et sortants...
C/ Le solde des mouvements de capitaux à court terme, le solde dit « final », la variation de la position monétaire externe et la politique de change...

随后需要写出文章主体部分的大纲：

▲ 协调的提纲架构可分成两到三个部分（每部分都用一个标题概括），
  每个部分都应该有导语与结语；
▲ 提纲可以分成部分、节甚至小节；
▲ 可交替使用数字与字母来标明每个部分：

  I
         A
                  1
                       a

▲ 可使用语句结构。语句结构就是一句浓缩了整篇大纲的结构并保证
  不同部分紧密衔接的话，例如"在谈论完经济增长与发展能够并行
  不悖之后，接下来我们将看到这两者有时候可能是背道而驰的"。

之后需要给整篇文章的总结拟一个提纲：

▲ 再次提到各个部分的结论；
▲ 总结全篇，回到论题；
▲ 对主题进行引申、展望。

提纲有各种各样的：

▲ 主题式结构：这是最简单的，即列出题目的不同主题

例：国际收支

I / 它是财务中不可或缺的工具……
  A/ 国际收支表的制作……
  B/ 国际收支表里主要差额及含义……
II / ……有助于经济政策的执行……
  A/ 贸易差额以及对外贸易政策……
  B/ 资本转让差额以及对外直接投资出入政策……
  C/ 短期资本流动差额，即所谓的"最终"差额，汇率变化及汇率政策……

▲ Plan chronologique : en suivant la succession dans le temps.

Exemple : « Décrivez l'évolution de la croissance économique française depuis 1945 »

I/ De 1945 à 1975 : la « Reconstruction »
II/ De 1954 à 1982 : les « Trente glorieuses »
III/ De 1983 à 2008 : les « 25 piteuses »
IV/ De 2008 à 2016 : la « crise des subprimes »

▲ Plan dialectique : thèse, antithèse, synthèse.

Exemple : « Croissance économique et environnement écologique »

I/ L'époque bien heureuse de la croissance sans limites
    A/ Un environnement écologique ressenti comme inépuisable
    B/ Un corpus théorique ignorant les limites naturelles
II/ La prise de conscience des limites écologiques
    A/ L'alerte du rapport Meadows dès les années 1970
    B/ Les scientifiques du GIEC tirent le signal d'alarme dans les années 1990
III/ Les sciences économiques partagées face à la crise écologique
    A/ La théorie économique dominante essaye de nier le problème
    B/ L'économie écologique ou « bio-économie » essaye de prendre en compte effectivement les limites écologiques
Conclusion : La nécessaire « décroissance » est socialement difficile à accepter.

▲ Plan progressif : progression de partie en partie.

Exemple : « La stratégie des firmes multinationales »

I/ Les stratégies classiques
    A/ L'implantation sur tous les marchés
    B/ L'optimisation mondiale de la production
II/ Les stratégies plus élaborées
    A/ La stratégie multidomestique
    B/ L'optimisation fiscale
    C/ La minimisation des risques

▲ 编年式结构：基于事情发展的先后顺序

例：阐述 1945 年以来法国经济增长的演变

Ⅰ / 1945—1975：重建
Ⅱ / 1954—1982：30 年黄金期
Ⅲ / 1983—2008：25 年暗淡期
Ⅳ / 2008—2016：次贷危机

▲ 论证式结构：正命题、反命题、合命题

例：经济增长与生态环境

Ⅰ / 无节制发展的幸福时期
   A/ 自然资源被认为是取之不尽的
   B/ 理论界对自然的极限缺乏认知
Ⅱ / 意识到环境存在极限
   A/ 梅多斯的报告在 20 世纪 70 年代发出了警告
   B/ 各国气候变化专门委员会的科学家在 20 世纪 90 年代敲响了警钟
Ⅲ / 科学界在环境危机面前莫衷一是
   A/ 主流经济学理论试图否认问题的存在
   B/ 生态经济学，又称"绿色经济学"试图实际考量环境的局限
总结：拯救环境所必需的"经济放缓"在社会层面上尚难以被人接受。

▲ 渐进式结构：一部分一部分层层推进

例：跨国公司的策略

Ⅰ / 传统策略
   A/ 进驻所有市场
   B/ 全球最优生产计划
Ⅱ / 精深策略
   A/ 多国本土化战略
   B/ 最优税收筹划
   C/ 风险最小化

• L'introduction

L'introduction à la française est construite de façon suivante – on part de réflexions générales pour cerner de plus en plus le sujet : elle est en forme d'entonnoir, de V :

▲ Une « accroche » (les latins parlaient de *captatio benevolenciae* : capter l'attention de l'auditeur). Il s'agit d'évoquer l'intérêt du sujet et/ou son actualité.

▲ La définition des termes principaux du sujet de manière à expliquer la question posée.

▲ Exposer les éventuelles difficultés du sujet : parfois le sujet est plus complexe que ce que l'on peut penser en première lecture, et il y a des paradoxes et contradictions à élucider. Autrement dit, repérer si le sujet ne va pas de soi, qu'il pose problème !

▲ La problématique adoptée, c'est-à-dire la manière dont on va répondre au sujet (comment on va s'y prendre).

▲ L'annonce du plan que l'on va suivre (et qui découle du point précédent).

> **NB :** comme c'est un moment difficile et crucial (le correcteur est d'emblée influencé pour la suite, pour le meilleur... ou le pire !), il vaut mieux la rédiger d'abord au brouillon (quitte à la reformuler un peu ensuite lors de la rédaction finale « au propre »).

• La conclusion

La conclusion a une triple fonction, elle est en forme de V renversé :

▲ Récapituler les conclusions intermédiaires (de chaque partie), mais en utilisant d'autres mots ou expressions (évitez la simple « redite »).

▲ Apporter une réponse finale et claire à la question posée.

▲ Élargir le sujet en montrant sur quelles autres questions cela débouche.

> **NB :** là aussi, c'est un moment crucial (le lecteur risque d'en rester sur cette impression finale, pour le meilleur...ou le pire !), il vaut donc mieux la rédiger d'abord au brouillon (quitte à la reformuler un peu ensuite lors de la rédaction finale « au propre »).

● 导语

撰写法式导语可以按照如下方式进行：从宽泛的思考开始，然后渐渐缩小范畴，以贴近主题——形似漏斗，像字母V。它包括：

▲ 一个吸睛的开头（accroche，拉丁语是captatio benevolenciae，意为"抓住人的注意力"），用以点明题目的意义及其现实性。

▲ 界定题目中主要词汇的含义，以解释所提问题的含义。

▲ 提出题目中所含的疑难点：有时候题目要比我们乍一看的印象更为复杂，它会包含一些需要解释的矛盾或对立点。换句话说，要注意问题的说法是否理所当然，或者它是否本身就有问题！

▲ 所采用的提问方法：我们将以何种方式回答问题。

▲ 展示我们将要使用的论述结构（它紧承上一点）。

> **注意：** 鉴于这是一个困难而又关键的时刻（改卷人的第一印象会决定他对后文的感受），我们最好先打草稿，誊写时可再稍做修改。

● 总结

总结有三重用途，它形似倒着的字母V：

▲ 重述每个部分的结论，但需使用不同的词语与表达（避免单纯地抄写）；

▲ 对问题给出一个最终的清晰的答案；

▲ 对主题进行延伸，指出它可能带来的其他问题。

> **注意：** 同理，这也是一个关键时刻（读者可能会借由此处留下的印象来评断全文，也就是一段定好坏！）：最佳方案依旧是先打草稿，誊写时再稍作修改。

▲ Pas d'abréviation. Pas de « prod » pour production ni de « sté » pour société. Faites des paragraphes toutes les 10 à 15 lignes au plus. Une grande idée = un paragraphe.

▲ Ne pas aller à la ligne à chaque phrase non plus !

▲ Pas de phrases trop longues. Une phrase de 8 lignes (avec beaucoup de propositions relatives) doit être coupée en deux phrases de 4 lignes (ou même de 4 propositions indépendantes de 2 lignes !).

En économie et en droit, le plan doit être apparent, les titres de partie en évidence (par ex. soulignés).

• **Les introductions et conclusions des parties**

Point important et souvent négligé : les petites introductions et conclusions de grandes parties. En effet, chaque partie doit être, elle aussi, rapidement introduite et conclue, la conclusion de la première partie et/ou l'introduction de la seconde partie devant assurer une transition fluide, devant amener logiquement la suite.

Dans le cas où il y a des sous-parties, elles doivent de même être introduites et conclues pour assurer la transition (parfois par de simples mots de coordination comme par exemple : *Cependant, Réciproquement, De manière complémentaire*, etc.).

- ▲ 不可使用缩写。不能将production写成prod，或将société写成sté。每个段落最多10至15个句子。一个段落表达一个主要观点。
- ▲ 即便如上所述，也不可总是一句一段！
- ▲ 不要写太长的句子。当一个句子使用了很多连词并达8行时，应考虑将其分成两个4行的句子（或者4个两行的单句）。

在经济学与法学领域，文章结构需要非常清晰，每个部分的标题需要一目了然（比如加下划线）。

• 各部分的导语及总结

这一点很重要但经常被忽略：对每个大部分给出简短的导语和总结。事实上，我们需要快速地引入并总结每个部分，第一部分的结尾与第二部分的导语之间的衔接要通畅，使其能够自然而然地引出下一部分。

在有数节内容的情况下，也需要有导语及结论，以便更好地承上启下（有时候只需用一些简单的连接副词："然而"、"反之亦然"、"此外"等等）。

STRUCTURE D'ENSEMBLE D'UNE DISSERTATION

Introduction générale
- *Intérêt et actualité du sujet*
- *Définition des termes du sujet*
- *Explicitation de la question posée*
- *Annonce de la manière dont on va y répondre et annonce du plan*

Titre partie 1
Introduction de partie *qui annonce les deux ou trois sous-parties (jamais une seule, dans ce cas on ne fait pas de sous-partie du tout).*
Titre de la sous-partie 1
Texte
Mini-transition
Titre de la sous-partie 2
Texte
Conclusion de la partie
Conclusions*(ce qui a été démontré) et transition entre les deux parties (indispensable)*

Titre partie 2
Introduction de partie *qui annonce les deux ou trois sous-parties (jamais une seule, dans ce cas on ne fait pas de sous-partie du tout)*
Titre de la sous-partie 1
Texte
Mini-transition
Titre de la sous-partie 2
Texte
Conclusion de la partie
Conclusions *(ce qui a été démontré) et transition avec la conclusion générale*

Conclusion générale
- *Synthèse des grandes conclusions des parties I et II*
- *Ouverture vers d'autres questions (« élargissement du sujet »)*

论文的整体架构

总导语
  ——主题的意义及现实性
  ——主题词汇的定义
  ——解释问题
  ——解释回答问题的方式并展示文章的结构

第一部分标题
  本部分导语，需说明这部分有两到三节（不能只有一节，否则就不需要分节）。
  第一节标题
  正文
  过渡句／段
  第二节标题
  正文
  本部分总结：已证明的内容，以及与第二部分的衔接（必不可少）

第二部分标题
  本部分导语，需说明这部分有两到三节（不能只有一节，否则就不需要分节）。
  第一节标题
  正文
  过渡句／段
  第二节标题
  正文
  本部分总结：已证明的内容，以及与总结的衔接（必不可少）

全文总结
  ——对第一、第二部分总结的综合
  ——引出其他问题（主题的延伸）

NB : le plan détaillé doit être fait au brouillon, sur des pages au recto seulement, mais ensuite, pour des questions de respect du temps imparti (souvent 2 ou 3 heures selon les cours), la dissertation devra être rédigée directement « au propre » (il faut absolument commencer la rédaction au propre au plus tard avant la deuxième moitié du temps imparti).

E. La relecture   »»»

En fait on devrait toujours faire trois relectures :

- ▲ Une pour le sens, l'enchaînement des idées et des arguments : bref, pour le fond.
- ▲ Deux pour la forme :
  1) Une pour le style : phrases trop lourdes à couper, répétition à corriger, style ampoulé, galimatias, expression argotique ou populaire, tournures alambiquées…
  2) Une pour l'orthographe, la ponctuation et l'accentuation des mots. On pourrait ignorer comment s'écrit « dithyrambique », mais les fautes d'accord de pluriel, de conjugaison des verbes, ou d'accord de participes passés ne vous seront pas pardonnées (ou pas plus d'une ou deux fautes par page).

On ne peut pas faire ces trois relectures en une seule : l'esprit humain ne peut pas être attentif à plusieurs choses à la fois.

• Les insuffisances les plus fréquentes !

- ▲ Faute de définitions claire en introduction, des notions ou des concepts restent flous ou ambigus (voire erronés) tout au long de la dissertation.
- ▲ La question est mal comprise ou mal posée.
- ▲ La manière de répondre à la question posée n'est pas pertinente. Elle laisse de côté une grande part du sujet.
- ▲ Le plan n'est pas logique ou pas cohérent.
- ▲ Le plan ne correspond pas à la problématique.
- ▲ Le plan annoncé n'est pas suivi.
- ▲ Les arguments ne sont pas développés et ne sont que des « affirmations gratuites » (affirmation non démontrées).

> **注意：**将详细的提纲写在草稿纸上，且写在纸张的正面，而为了按时交卷（通常是两到三个小时），论文要直接写在答卷纸上（最迟在时间过半时必须开始写）。

E. 通读校正 〉〉〉

事实上，我们需要通读校正三次：

▲ 第一次是要看文章的意思和前后观点、论据的衔接。简而言之，这一步是看文章的内容。

▲ 后两次看形式：

1）看文笔：太冗长的句子需要改成短句，重复的地方、过于夸张的辞藻、杂乱难懂的文字、行话或俗语、晦涩的表达等都需要修改。

2）看拼写、标点以及符号：你可以不知道怎么写dithyrambique（意为"过分赞扬的"），但是单复数、动词变位、过去分词等搭配上的错误会被扣分（每页最多有一到两个错误）。

三次阅读不能省成一次——毕竟一个人很难同时专注于好几件事情。

• **警惕：最常见的不足！**

▲ 导语里对定义解释不清，通篇文章下来，一些概念或思想仍不清晰、模棱两可（甚至是错的）；

▲ 对问题理解错误，提问方式不当；

▲ 回答问题的方式不当，问题的重要方面被忽略；

▲ 文章结构的逻辑性不强，或者不连贯；

▲ 文章结构与论题不对应；

▲ 未遵守提出的结构；

▲ 未能证明论点，提出的只是一些"廉价的论断"（即未被证明的论断）；

▲ Les chiffres apportés en appui de la démonstration ne sont pas fiables (voire même « fantaisistes ») et ne concourent pas à établir des faits convaincants.

▲ Il y a un manque de connaissances précises.

 **Exemple de plan détaillé à faire au brouillon avant de passer à la rédaction finale « au propre »**

Au brouillon, seules, l'introduction et la conclusion sont déjà entièrement rédigées, les autres idées sont seulement notées et classées dans les parties et sous-parties numérotées. Il restera donc à rédiger les transitions au moment de la rédaction finale au propre.

*Sujet : **La croissance est-elle favorable au développement ?***
Introduction

Malgré la crise mondiale, la croissance économique chinoise devrait encore être forte cette année, du moins comparativement aux pays développés occidentaux. Plus précisément, l'augmentation du PIB devrait encore avoisiner une progression de 7 % par rapport à l'année précédente, même s'il est inférieur aux 10 % en moyenne pendant les années 2000. Pour autant, la Chine possède toujours le statut de pays émergent, en particulier parce qu'elle possède des défaillances au niveau de son modèle de développement : problèmes environnementaux, problèmes sociaux…

Le cas de la Chine pose alors plus largement la question du lien de causalité existant entre croissance et développement, ce dernier étant défini selon François Perroux comme l'ensemble des transformations mentales et sociales rendant apte un pays à faire croître durablement et cumulativement son PIB réel. Dans cette perspective, nous posons alors l'interrogation suivante : comment, et à quelles conditions, la croissance a-t-elle un impact positif sur le développement ?

Pour tenter de répondre à cette question, et en nous centrant essentiellement sur le cas des pays développés et en développement de la période contemporaine, nous verrons que si la croissance est une condition nécessaire au développement (Partie I), elle n'est pas suffisante (Partie II), voire même qu'elle peut s'opposer au développement (Partie III).

Plan
I/ L'impact positif de la croissance sur le développement
1.1 Sur le niveau de vie

Solow : convergence des économies
Rostow : les étapes de la croissance économique
Kuznets : courbe en « U » inversée
Sala-i-Martin : rapprochement du niveau de vie de certains pays en développement
Cas concrets des BRIC et du Vietnam aujourd'hui, du Japon et de la Corée du Sud à partir des années 1950.

▲ 用来论证的数据不可靠（甚至是异想天开的），无法建立可信的事实基础；

▲ 缺乏具体知识。

最终撰写论文前需要草拟的详细提纲示例

写草稿时，导语与结论可以写完整，其他要点则只需分章节按序列好。如此，在最后誊写时只需要撰写前后文的衔接过渡部分。

主题：增长是否有利于发展?
导语
　　尽管存在全球危机，中国今年的经济增长可能仍然强劲，至少与西方发达国家相比是如此。更确切地说，GDP 与去年相比虽然不及 21 世纪初那般达到 10%，但仍可能将增长 7% 左右。然而，中国依然位列发展中国家，其经济发展仍面临挑战：环境问题、社会问题等。
　　中国的例子向我们提出了已经存在的广义问题：增长与发展之间的因果关系。根据弗朗索瓦·佩鲁的定义，发展就是一系列可以让一个国家的实际 GDP 可持续并累计增长的所有精神和社会层面的变化。从这个角度出发，我们于是有了下面的疑问：如何实现增长？在何种条件下增长可以为发展带来积极的影响？
　　针对这个问题，我们聚焦当代发达国家以及发展中国家的例子，就会明白增长是发展的必要条件（见第一部分），而非充分条件（见第二部分），甚至可能与发展背道而驰（见第三部分）。
大纲
I/ 增长对发展的积极意义
1.1 生活水平
　　索洛：经济收敛趋同
　　罗斯托：经济增长阶段
　　库兹涅茨：倒 U 曲线
　　萨拉-伊-马丁：一些发展中国家的生活水平趋近。
　　实例：今天的金砖国家以及越南，20 世纪 50 年代以来的日本和韩国。

1.2 Sur les modes de vie

La hausse du niveau de vie favorise la convergence en matière de mode de vie (Inglehart, Rostow).

Les préoccupations changent, et les individus deviennent préoccupés par les « coûts de l'homme » (Perroux) : éducation, santé, environnement.

La croissance permet ainsi non seulement plus de richesses, mais aussi les transformations des modes de vie. Une allocation de celles-ci dans les secteurs ci-dessus sont jugés désormais prioritaires. L'État y participe grandement via ses investissements publics.

Cas concrets des pays développés (USA, Europe, Japon...).

II/ Une relation nécessaire mais pas suffisante

2.1 Les limites de l'influence de la croissance sur le développement

– Les pays émergents connaissent encore de sérieux problèmes, en matière d'inégalités notamment (Cohen).

– Les pays développés ont-ils atteint le développement ? Le cas des inégalités de genre.

– Le cas de certains pays rentiers, notamment pétroliers (Arabie Saoudite)

2.2 Les conditions à mettre en place

– Sen : capabilités

– Stiglitz, Touraine, Duflo : associer les populations à leur propre développement, pour qu'elles soient aptes à prendre les bonnes décisions. La démocratie est un préalable, non une conséquence du développement et de la croissance.

– Rôle des institutions dans la croissance : North, Phelps

– Une solution, le développement durable ? – Rapport Brudtland (1987)

III/ La croissance contre le développement ?

3.1 Les doutes sur la croissance

Croissance appauvrissante : Bhagwati

Dégradation de l'environnement, dégradation du contexte social (Putnam)

Possibilité d'une croissance sans développement (Nigéria) ? les politiques d'ajustement structurels du FMI.

3.2 Faut-il privilégier la décroissance ?

Cette relation entre la croissance et le développement, qui structure notre mode de pensée depuis 2 siècles, ignore la loi de l'entropie (Georgescu-Roegen).

Pour Latouche et Ariès en France, il faut privilégier la décroissance, qui réconcilierait les deux notions sur d'autres bases.

1.2 生活方式

生活水平的提高促进了生活方式的趋同（英格哈特，罗斯托）。

人们的关注点发生改变，个体开始关注"人的成本"（佩鲁）：教育、健康、环境等。

因此，增长不仅带来了更多的财富，也改变了生活方式。对上面这些领域的投入因而也被列入优先级。国家在很大程度上通过公共投资参与其中。

发达国家的案例（美国、欧洲、日本……）。

II/ 两者之间的必要非充分关系

2.1 增长对发展的影响具有局限性

——新兴国家还有很严重的问题，尤其是在不平等方面（科恩）。

——发达国家真正发达吗？（性别不平等的案例）

——个别食利国家的例子，尤其是石油丰富的国家（如沙特阿拉伯）。

2.2 需要设定的条件

——森：能力方法理论

——斯蒂格利茨，图海纳，迪弗洛：让大众参与到发展中，以便他们能够做出正确的决定。民主是发展和增长的先决条件，而非结果。

——机构在发展中所扮演的角色（道格拉斯·诺斯，埃德蒙·斯特罗瑟·费尔普斯）

——解决之道：可持续发展？（1987年《文莱报告》）

III/ 增长有损发展？

3.1 对增长的怀疑

——造成贫困的增长（巴格瓦蒂）

——自然环境退化，社会环境恶化（普特南）

——不能带来发展的增长（尼日利亚的案例）？国际货币基金组织所采取的结构调整适应政策。

3.2 放缓经济增长速度是否可行？

两百年来，经济增长和社会发展之间的关系统治着我们的思维方式，这使我们容易忽略熵的法则（杰奥尔杰斯库·罗根）。

法国的拉图什和阿里耶斯认为，应当放缓经济增速，它将在其他方面使这两者达成统一。

Conclusion

Au terme de ce développement, il apparaît que si la croissance est favorable au développement, cette relation reste très contingente et dépendante de nombreuses conditions. Elle ne saurait donc être généralisée à l'ensemble des pays, tant le développement est un concept multidimensionnel et tant chaque pays possède une économie, une histoire et une culture propres. Dans certains cas d'ailleurs, nous avons même constaté que les deux pouvaient être antinomiques.

C'est pourquoi à l'heure où le monde connaît une de ses plus graves crises de son histoire, s'interroger sur le modèle de croissance et de développement des pays développés apparaît comme indispensable pour permettre aux générations futures de satisfaire leurs besoins. Une des interrogations majeures, comme l'illustrent les théoriciens de la décroissance, est de savoir si, compte tenu des limites de notre planète, les pays émergents ou en développement doivent nous imiter ? Inventer un nouveau modèle de développement, compatible à la fois avec leurs spécificités et avec les contraintes environnementales communes à tous (réchauffement climatique par exemple), n'est-ce pas alors pour eux un défi aussi difficile que mobilisateur ?

Source : Vallet G., *Méthodologie du travail universitaire*, Éditions Pearson, 2013, [...] modifié par Armand Chanel.

结论

综上所述，即便增长有利于发展，这两者之间的关系仍不是必然的，而是取决于多种因素。发展是一种多维的概念，并且每个国家都有其独特的经济、历史和文化。因此，增长有利于发展的说法不能推而广之到所有国家。此外，在某些情况下，我们甚至还发现这两者是相互对立的。

这就是为什么在今天，也就是全球经历历史上最严重危机之一的时候，向发达国家的增长和发展模式提出质疑对于满足今后人类的发展需求是必不可少的。基于我们这个星球的极限，正如学者证明的那样，最重要的问题之一便是弄明白新兴国家或发展中国家是否应该模仿我们。如果能够设计出一种新的发展模式，使之既切合它们的国情，又满足所有人都面临的环境限制条件（比如全球变暖），这难道不是一种既困难又极具动力的挑战吗？

来源[1]：Vallet G.，《大学作业方法论》，Pearson 出版社，2013 年（经 Armand Chanel 删改）。

---

[1] 此处"来源"后的翻译仅作参考，原著为法语，来源信息见上页对应的法语部分。

2.3　L'EXAMEN ORAL

● **Pourquoi y a-t-il des examens oraux ?**

La dissertation écrite a ses vertus, et elle reste une forme d'examen absolument nécessaire d'abord parce qu'elle donne le temps, pendant 2 ou 3 heures, de déployer sa réflexion, ensuite parce qu'elle permet aussi d'avoir des copies anonymes, garantes d'une évaluation impartiale. Mais il faut aussi faire des épreuves orales.

En effet, nous constatons régulièrement que certains étudiants qui ont eu de bonnes notes à l'écrit, peuvent néanmoins avoir des difficultés à répondre clairement – avec un propos structuré – à des questions dont ils connaissent pourtant la réponse. L'examen oral est le moyen de vérifier la capacité de communication orale du candidat. Elle est aussi, de par sa durée limitée, le moyen d'évaluer sa capacité à mobiliser rapidement ses savoirs, à centrer synthétiquement son propos (répondre à la question et seulement à celle-ci), et à réfléchir rapidement.

Les oraux ont souvent lieu lors de la session de rattrapage (ou « seconde session d'examens ») lorsque la note obtenue en première session n'a pas été satisfaisante. Dans ce cas, l'exam oral permet à l'enseignant de vérifier que, bien que l'étudiant ait « raté » son examen écrit sur un sujet donné, il a néanmoins bien acquis des connaissances dans cette matière, qu'il est capable de les mobiliser pour répondre de façon claire et synthétique à une question précise.

● **La structure type de l'examen oral**

La forme précise dépend des attentes (plus ou moins clairement annoncées) de l'examinateur. Mais on peut dégager une sorte d'oral-type se présentant de la façon suivante :

▲ D'abord répondre à une question donnée à l'avance (dix à vingt minutes de préparation) de façon ni trop courte ni trop longue : en général dix minutes ;

▲ Ensuite répondre de manière interactive à un ensemble de petites questions posées pendant le dialogue qui suit le petit exposé oral (elles partent souvent de votre présentation, mais peuvent aussi porter sur l'ensemble du cours).

● **Conseils pour l'oral**

Votre propos doit être structuré : que vous deviez répondre en dix ou en quinze minutes, votre réponse doit avoir une courte introduction, deux ou trois parties (plutôt deux), et une courte conclusion.

2.3 口试

• 为什么会有口试？

笔试写作有其优点，是绝对必要的一种考试形式，一方面它让考生有充足的思考时间（2到3个小时），另一方面笔试的考卷在进行批改时，学生的姓名信息对改卷人不可见，可保证评分公正。尽管如此，我们依然需要做口头测试。

事实上，我们通常会发现一些在笔试上成绩很好的学生，即使他们已经知道问题的答案，口试时仍然难以用有条理的语言把问题表述清楚。口试是一种检测应试者口头交流能力的途径。其时间较短，由此可以考评学生快速调动知识、围绕中心思想整合自己的语言（有针对性地回答所提问题）以及快速思考的能力。

口试通常出现在补考（或第二轮考试）中，也就是第一次考试不及格时。在这种情况下，口试可以让老师检查学生是否掌握了这个科目的知识，以及是否能够将其组织起来，清晰地、概括性地回答一个明确的问题，即便他在笔试中没能很好地回答指定的问题。

• 口试的典型结构

口试的具体形式取决于考官对考生的期待（或直白或隐晦地公布），但我们仍然可以理出下面这种典型形式：

▲ 首先回答已经给出的问题（准备10到20分钟），不要太短，也不要太长——通常是10分钟；

▲ 然后以沟通的方式回答谈话中出现的一系列小问题（它们通常是基于你之前的演讲，但也可能基于整个课程）。

• 口试建议

你的语言必须组织有序：回答需保持在10到15分钟之内，针对内容有一个简短的介绍、2到3个部分（最好是2个）的论述和一个简短的总结。

Selon les matières et selon les enseignants, la question peut être :

- ▲ soit une « question de cours » (appelée aussi « question de connaissances ») visant essentiellement à tester si les connaissances ont bien été acquises ;
- ▲ soit une « question de réflexion » visant à vérifier la capacité de l'étudiant à réfléchir et à utiliser les connaissances acquises pour répondre à la question ou pour résoudre un cas simple.

• L'oral sur un ouvrage

Dans le cas où l'examen oral porte sur un livre, dites-vous que pour l'examinateur, l'objectif est :

- ▲ vérifier que vous avez effectivement lu l'ouvrage ;
- ▲ vérifier que vous l'avez compris ;
- ▲ évaluer dans quelle mesure vous semblez capable de l'appliquer à un cas concret (notamment à votre situation de stage ou de travail).

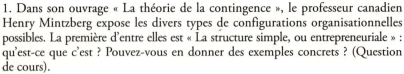 **Exemples de questions posées dans l'examen oral**

1. Dans son ouvrage « La théorie de la contingence », le professeur canadien Henry Mintzberg expose les divers types de configurations organisationnelles possibles. La première d'entre elles est « La structure simple, ou entrepreneuriale » : qu'est-ce que c'est ? Pouvez-vous en donner des exemples concrets ? (Question de cours).

2. Pendant le cours, nous avons étudié la théorie de « l'analyse stratégique des organisations » du sociologue français Michel Crozier. Pouvez-vous en rappeler les principaux apports et les éventuelles limites ? (Question de cours).

3. Le taylorisme est-il dépassé (le taylorisme est-il périmé ?) (Question de réflexion).

4. Faut-il limiter le nombre d'échelons hiérarchiques dans l'entreprise ? (Question de réflexion).

NB : selon l'examinateur, un seul sujet vous sera proposé (souvent tiré au sort parmi un ensemble), ou alors vous pourrez en choisir un, parmi plusieurs questions proposées.

根据科目和老师的不同，问题有可能呈现为以下情况：

▲ 课程问题（也被称为"知识型问题"）：主要在于测试你是否已经掌握了相关知识；

▲ 思考型问题：在于检测学生思考的能力，以及利用已学到的知识回答问题或在简单案例中解决问题的能力。

• 关于某部著作的口试

如果口试是关于一本书的，那么你得告诉自己，老师的目的在于：

▲ 检查你是否真的读了这本书；

▲ 检查你是否明白了它的内容；

▲ 检查你在多大程度上能够将其运用于一个具体的情形（尤其是你的实习或工作中）。

🖥 口试问题示例

1. 在《权变理论》一书中，加拿大教授亨利·明茨伯格介绍了可能出现的不同类型的组织结构，其中第一种是"简单结构或创业型结构"：这是指什么？你能举几个具体的例子吗？（课程问题）
2. 在课堂中，我们学习了法国社会学家米歇尔·克罗齐耶的"组织的策略性分析"。你能回忆起它的主要贡献和可能的局限吗？（课程问题）
3. 泰勒主义是否过时了？（思考型问题）
4. 是否需要限制公司里等级制度的层级数？（思考型问题）

注意： 根据考官的不同要求，你可能会遇上只有一个问题的情况，也可能要在几个问题中选择一个作答。

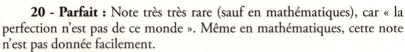

2.4 LA GRILLE DE NOTATION À LA FRANÇAISE

Les systèmes de notation étant très différents selon les pays, certains étudiants arrivant de l'étranger peuvent être quelque peu déroutés par le système français de notation. Voici donc ci-après le barème de notes chiffrées qui est généralement utilisé en France.

20 - Parfait : Note très très rare (sauf en mathématiques), car « la perfection n'est pas de ce monde ». Même en mathématiques, cette note n'est pas donnée facilement.

18 - Excellent : impeccable – la copie peut, telle quelle, constituer un très bon corrigé.

16 - Très bien : Bien sur le fond et sur la forme avec un plus au niveau de la réflexion, ou une certaine originalité, ou un autre élément supplémentaire, ou particulièrement clair et synthétique …

14 - Bien : Bon travail, bien sur le fond et sur la forme.

12 - Assez bien : Assez Bien sur le fond et sur la forme, ou Bien sur l'un des deux, et Passable sur l'autre.

10 - Passable : Passable sur le fond et sur la forme, ou Assez Bien sur l'un et Faible sur l'autre ; juste passable pour valider, sans plus.

8 - Faible : Faible sur le fond et sur la forme, ou Passable sur l'un et Insuffisant sur l'autre ; des lacunes sur le fond et/ou sur la forme.

6 - Insuffisant : De grosses lacunes sur le fond et sur la forme.

4 - Très insuffisant : De grosses lacunes sur le fond et sur la forme et, de plus, un travail insuffisant.

2 - Nul : Nul ! Certes, la copie n'est pas blanche, mais il n'y a rien de bon dedans.

0 - Copie blanche

2.4 法国学校评分标准

各国教育体系的评分标准差异很大。一些刚刚来法的留学生可能会被法国学校的评分机制搞糊涂。下面我们就介绍一下法国广泛使用的分数计算标准。

20 – 完美（Parfait）：这个分数极为罕见（数学除外），因为"完美不属于这个世界"。即便是数学这一科，20 分也不是轻易给的。

18 – 优秀（Excellent）：答卷没有缺陷，可以作为很好的参考答案。

16 – 优（Très bien）：在内容和形式上都展现了出色的思考能力，或者有独到之处，或者有额外的内容，或者极为清晰概括……

14 – 优良（Bien）：从内容和形式上看都很不错。

12 – 良（Assez bien）：在内容和形式上都是良；或者其中一个优良，但另一个却刚刚及格。

10 – 及格（Passable）：在内容和形式上都及格；或者其中一个是良，另一个却是次等；或者刚够及格，刚好通过。

8 – 次等（Faible）：在内容和形式上都属差等；或者其中一个及格了，另一个却刚到差等；在形式或内容上有缺陷。

6 – 差等（Insuffisant）：在形式和内容上有极大的缺陷。

4 – 极差等（Très insuffisant）：在形式和内容上有极大的缺陷，且工作不足。

2 – 无效（Nul）：无效！答卷虽不是白卷，但无任何可取之处。

0 – 白卷（Copie blanche）

NB : la notation n'est pas une science exacte, et une note isolée n'est pas significative à plus ou moins deux points près... ce qui peut paraître un peu arbitraire pour une note isolée. Mais comme on est apprécié sur un grand nombre de notes données par un grand nombre d'enseignants, les écarts en plus ou en moins s'annulent dans la moyenne générale qui est alors une synthèse statistique fiable. Et, dans ce cas, un écart de deux points sur la moyenne est, lui, très significatif...

注意：评分不是一门精确的科学。某项分数多两分或少两分不能说明什么问题，因为单项分数可能显得有些片面。然而如果你针对同一科目获得多位老师给的分数，误差会在整体上得到消解，这时我们便会获得一个具有可信度的平均分。在这种情况下，平均分相差两分是一个很大的差距。

L'ORGANISATION DES EXAMENS

Pour décrire la manière dont les examens sont organisés en France, et les règles qui régissent cette organisation, voici des extraits de *La Charte des Examens de l'Université de Grenoble*. À quelques petites variations près, on retrouve cette même organisation dans toutes les universités (Il vous appartient de vous renseigner sur les règles propres à l'université dans laquelle vous êtes inscrit).

Charte des Examens de l'Université de Grenoble

Cette charte établit un ensemble de principes et de modalités pratiques communes à toutes les formations de notre université. Elle offre aux étudiants une garantie d'équité, de clarté et de transparence dans le déroulement des contrôles des connaissances. [...]

I. ORGANISATION DES EXAMENS

– Calendrier universitaire

[...] l'université établit, dès le début de l'année universitaire, le calendrier :

- des périodes d'enseignement des premier et second semestres ;
- des périodes dites « blanches » (pour les révisons), s'il y a lieu ;
- des périodes d'examen.

Ce calendrier est communiqué aux étudiants par voie d'affiche.

– Les modalités de contrôle des connaissances

Les règlements des études indiquent les modalités d'appréciation des aptitudes et des connaissances qui doivent comporter, pour chaque unité d'enseignement (UER ou Faculté), les matières qui la composent ainsi que les coefficients et les crédits qui leur sont affectés. Ces modalités précisent la part réservée au contrôle continu et à son organisation ainsi que les règles générales de validation, de compensation, de capitalisation et l'organisation des deux sessions annuelles. Elles ne peuvent pas être modifiées en cours d'année. Le règlement de contrôle des connaissances est obligatoirement porté à la connaissance des étudiants.

2.5　考试安排

　　为了说明法国大学的考试安排方式以及举行考试所需遵守的规则，这里对《格勒诺布尔大学考试章程》做了摘录。所有大学都有这样的章程，其间区别甚微（你需要向所在学校了解它的考试规则）。

法国格勒诺布尔大学考试章程（节选）

　　本章程规定了一系列的规则以及施行办法，适用于本校所有院系，旨在保证对学生所掌握的知识的考查能够公正、清晰与透明……

I. 考试的组织

——大学时间安排

　　……每学年开始时，大学都会制定如下几个时间安排：

- 第一学期和第二学期的授课期；
- 复习期（如果有的话）；
- 考试阶段。

这些时间安排会以公告的形式通知学生。

——知识考查方法

　　学习条例写明了每个教研单元或学院的知识和能力的考查办法、所包含的课程、每个课程的比重以及学分。这些办法规定了日常测试的比重与安排，考试结果认可、抵消、学分追认的总规则以及两场期末考试的安排。它们不得在学年中途更改。学生必须了解知识的考查规则。

– Convocation aux examens terminaux

La convocation des étudiants aux épreuves écrites et orales est faite par voie d'affiche, sur des panneaux réservés à cet effet, quinze jours au plus tard avant le début des examens. La convocation précise la date, l'heure et le lieu de l'examen. Elle indique également la date prévue et le lieu d'affichage des résultats. […]

II. DÉROULEMENT DES ÉPREUVES

– Dispositions générales relatives aux étudiants

L'étudiant doit :
- être régulièrement inscrit dans la formation ;
- justifier de son identité (par une carte d'étudiant ou une carte d'identité) ;
- composer personnellement et seul (sauf disposition contraire) ;
- attendre impérativement la fin de la première heure de composition, pour pouvoir sortir (même s'il rend copie blanche) ;
- Ne pas troubler le bon déroulement de l'examen. […]

– Sujets d'examen

[…] Les sujets d'examen ne peuvent porter que sur les matières enseignées et sur les bibliographies relatives aux cours et aux TD. Il est précisé sur le sujet, l'intitulé exact de la matière, l'année d'étude considérée, la nature du contrôle (examen final ou contrôle continu), la durée de l'épreuve ainsi que les documents ou matériels autorisés. En l'absence d'indication, aucun matériel (notamment les calculatrices programmables) ni aucun document ne sont autorisés ; l'usage de tout mode de communication électronique ou téléphonique est interdit. […]

Note des auteurs : dans certaines universités, il est d'usage (mais ce n'est pas un droit) d'autoriser les étudiants étrangers provenant de pays non francophones à utiliser lors des examens un dictionnaire français, parfois même un dictionnaire bilingue (franco-chinois), et d'inscrire en haut de leur copie « étudiant non-francophone ». Se renseigner sur les usages dans votre université.

– Accès des candidats aux salles d'examens

L'accès à la salle d'examen est interdit à tout étudiant qui se présente après l'ouverture de(s) l'enveloppe(s) contenant le(s) sujet(s). À titre exceptionnel, le responsable de la salle peut, lorsque le retard est dû à un cas de force majeure, accepter un étudiant au plus tard 30 minutes après le début de l'épreuve. […]

Les étudiants doivent pouvoir justifier de leur identité et de leur inscription dans la formation concernée. Il peut toutefois être accepté sur présentation d'une pièce d'identité en cours de validité avec photographie s'il figure bien dans la liste des étudiants régulièrement inscrits.

——期末考试的举行

口试和笔试前会发布公告，最迟在考试开始前 15 天。公告需要贴在专门的布告栏里，以说明考试的具体日期、时间和地点及预计公布结果的时间和地点……

II. 考试的开展

——有关学生的总条款

学生应：

- 在相关专业正式注册；
- （凭学生证或身份证）证明自己的身份；
- 亲自并单独参加考试（除非有例外的规定）；
- 开始考试 1 小时后才能离开考场（即便是交白卷）；
- 不可扰乱考场秩序……

——考试题目

……考试题目必须同所教课程相关，并同所授理论教学课、小组指导课的参考读物相关。应写明题目、具体课程名称、学年、考试性质（期末考试还是日常测试）、考试时长以及允许的材料和工具。如果没有特别说明，则不能携带任何工具（尤其是具有编程功能的计算器）或材料[①]；任何形式的电子或电话沟通都是禁止的……

——考生入场

一旦装有考卷的信封被打开，任何学生将不得入场。如遇不可抗力，监考官可接受学生最迟在考试开始后 30 分钟内入场……

学生必须证明自己的身份，并已在相关专业注册。不过，如果他的确在注册学生的名单中，也可以出示有效期内带有照片的身份证件，经确认后可进入考场。

---

① 有些学校通常会允许来自非法语国家的外国学生在考试中使用法语词典（但这并不是学生的一项权利），甚至双语词典（如法汉词典），并在答卷上写上"非法语国家学生"。应事先问清楚你所在学校的有关规定。

Les surveillants vérifient l'identité et l'inscription des candidats en pointant la liste d'émargement. Tout candidat qui ne peut justifier de son identité [...] ne sera pas autorisé à composer. [...]

Chaque étudiant ne doit conserver, pour composer, que le strict nécessaire à l'exclusion de tout matériel ou document sauf si le sujet le prévoit. Doivent donc être regroupés à l'endroit indiqué par le(s) surveillant(s) les sacs, porte-documents, cartables, ainsi que tout matériel et document non autorisé, afin que les étudiants ne puissent pas y avoir accès pendant la durée de l'épreuve. Les téléphones portables et appareils permettant l'écoute de fichiers audio doivent impérativement être éteints et rangés dans le sac de l'étudiant. [...]

Les étudiants ne doivent avoir aucune communication entre eux ou avec l'extérieur pendant l'épreuve. Aussi, l'utilisation de téléphones portables et plus largement de tout appareil permettant des échanges ou la consultation d'informations est interdite et est susceptible de poursuites pour tentative de fraude. [...]

– Sortie des candidats

Lorsqu'une épreuve dure plus d'une heure, une fois les sujets distribués, aucune sortie provisoire ou définitive, n'est autorisée pendant la première heure, sauf cas de nécessité absolue et même pour les candidats qui rendent une copie blanche. Tout candidat admis à composer doit rendre une copie, même blanche [...]

– Fraudes

Des instructions précises sont données aux personnes chargées de la surveillance des salles et aux enseignants responsables des épreuves orales pour le traitement des cas de fraude constatés. Les surveillants doivent rappeler au début de l'épreuve les consignes relatives à la discipline de l'examen.

En cas de flagrant délit de fraude ou de tentative de fraude, le responsable de la salle [...] saisit les pièces ou matériels permettant d'établir ultérieurement la réalité des faits. Il dresse un procès-verbal relatant les faits qu'il fait contresigner par les autres surveillants et par le ou les auteurs de la fraude ou tentative de fraude. En cas de refus de contresigner, mention de ce refus est portée au procès-verbal.

[...] En cas de fraude ou de suspicion de fraude, il est fait application des dispositions du code de l'éducation, relatif à la procédure disciplinaire dans les établissements d'enseignement supérieur placés sous la tutelle du ministère chargé de l'enseignement supérieur.

III. CORRECTION DES COPIES, JURY, RÉSULTATS

– Anonymat des copies

L'anonymat des copies est obligatoire et assuré pour l'ensemble des examens écrits terminaux.

监考人员确认考生身份及注册信息，并在签名单上标明。若不能证明身份……任何人都不得参加考试……

每个学生只能携带考试必需的物品，除非题目允许，考生不得携带任何其他工具或材料。学生的各类包袋、文件夹以及其他不允许的工具和材料必须一起放在监考人员指定的地方。电话和其他视听机器需关机并放在包里……

考生之间不得进行任何形式的交流，也不能与考场外的人交流。并且，手机和其他可以交流或查询信息的工具都是禁止的，若携带入场，则可能因具备作弊嫌疑而被追究……

——考生离开考场

如无不可抗力，考生在试卷分发后的 1 个小时内不得离开考场，不管是临时还是最终离场（包括交白卷的情况）。任何被允许参加考试的学生都必须提交试卷，即使是交白卷……

——作弊

监考人员和负责口试的教师会事先收到处置作弊的具体办法。考试开始前，监考人员必须宣布有关考试纪律的须知事项。

如果出现明显的作弊违规行为或作弊尝试，考场负责人……会没收可证明作弊事实的材料或工具，撰写相关笔录，并让其他监考人员和作弊者 / 试图作弊者签字。如果后者拒绝签字，监考人员会在笔录上注明。

……作弊或具备作弊嫌疑的情况将参照高等教育部下发的与高等教育纪律相关的教育法规条例处理。

III. 试卷的批改 / 评审委员会 / 考试结果
——答卷不显示姓名

所有期末笔试答卷不可显示考生姓名。

– Absence aux examens

Tout étudiant absent à une épreuve obligatoire, sauf raison grave, justifiée et reconnue légitime, sera déclaré défaillant à cette épreuve et par conséquent à l'Unité d'Enseignement, au semestre et à l'année pour la session concernée. […]

– Délibération du jury

[…] Pour chaque session, le jury délibère à partir de l'ensemble des résultats obtenus par les candidats au moment de la délibération.

[…] Le jury délibère souverainement à partir de l'ensemble des résultats obtenus par les candidats, dans le respect des dispositions du règlement des études de la formation.

[…] L'obtention du diplôme comme la validation des unités d'enseignement et de chaque année sont prononcées après délibération du jury.

– Proclamation des résultats

À l'issue de la délibération, sont établis, dans les plus brefs délais :

• Un procès-verbal par le Président du jury. […]

• Un relevé de notes conforme au procès-verbal original, pour chaque étudiant.

Les résultats sont affichés sous la forme d'une liste des candidats admis et refusés, établie par ordre alphabétique. Les notes font l'objet d'une communication individuelle à l'étudiant. Après proclamation définitive des résultats, tout étudiant peut demander dans un délai raisonnable à consulter sa copie en présence de l'enseignant responsable et obtenir un entretien avec le président du jury ou un de ses membres délégués. […]

– Contentieux

[…]Toute demande de rectification de note après affichage des résultats, soit pour erreur matérielle, soit pour contestation des résultats, doit être adressée par écrit au président du jury.

Les modalités prévues pour la réception des étudiants et la consultation de leurs copies doivent être affichées en même temps que les résultats. […]

– Délivrance du diplôme

• Attestations de réussite

Les composantes délivrent aux étudiants qui en font la demande, une attestation de réussite signée par le directeur de la faculté dont la durée de validité est limitée à un an. […]

• Remise des diplômes parchemin

Le diplôme parchemin est établi par la scolarité centrale dans l'année qui suit la réussite au diplôme, après la remise des procès-verbaux de jurys et des listes de contrôle par les composantes. Les étudiants peuvent les retirer sur place ou par correspondance.

——缺考

除非考生能够证明具备合理的重大理由，否则任何缺考的学生都将会被认为是不及格，未完成本课程、本学期及本学年任务……

——评议会的决议

……针对每个考试期，评议会基于本考试期内考生获得的所有成绩进行决议。

……评议会基于学生获得的成绩，在尊重本专业规则条例的前提下做出最终决议。

……评议会商讨后，会宣布学生获得文凭，以示学习有效。

——成绩宣布

在商议结束后，会尽快：

• 由评议会主席拟定笔录；

• 给每个学生做一份基于笔录的成绩单。

成绩会按学生姓名的字母先后顺序公布在公示栏里，显示是否合格，还会单独通知到每个学生。在最终宣布成绩后，每个学生可在一个合理的期限内，由负责教师陪同，查询试卷，并可与评审委员会主席或其成员代表面谈……

——争议

……在成绩公布之后，任何修改成绩的要求，不管是因为具体事实方面的错误，还是对结果的争议，均需以书面形式向评审委员会主席提出申请。

接待学生以及查看考卷的办法需与考试结果同时公布……

——文凭颁发

• 毕业证明

若学生提出请求，学院需提供给学生一份经院长签字的毕业证明，有效期为一年……

• 毕业证书颁发

在评审委员会发出笔录以及监考老师所做的考试清单后，由教学中心在学生毕业后的一年内制作毕业证书。毕业证书可由学生亲自到校领取，也可从学校邮寄。

Troisième Partie

Se mettre dans de bonnes conditions pour réussir : quelques conseils pour la vie courante

第三部分

为学业成功创造有利条件：关于日常生活的一些建议

3.1 S'ASSURER, SE LOGER ET OUVRIR UN COMPTE EN BANQUE

A. S'assurer   ≫

L'assurance est un mécanisme qui permet de mutualiser les risques, et donc de les couvrir collectivement à un coût minimum pour chacun. Il y a deux grandes catégories d'assurance correspondant à deux grandes catégories de risques :

▲ **Premièrement, les assurances « santé » qui vous assurent contre ce qui peut vous arriver** : maladie, accident, maternité, vieillesse. En France, les risques sont assurés par un grand système public, général, obligatoire, qu'on appelle « Sécurité sociale » . Toute personne résidant en France peut et doit être « couverte » contre les risques mentionnés ci-dessus par son adhésion à un régime de Sécurité sociale. Cette adhésion est matérialisée par le paiement d'une cotisation. Pour les étudiants, le régime de Sécurité sociale étudiant est automatique et effectif dès l'inscription à l'université et le paiement d'une cotisation annuelle modique.

Cette couverture du risque se traduit par :

1) Le remboursement d'une part (de l'ordre de 70 %) de la plupart des dépenses liées à la maladie : consultation chez le médecin généraliste, médicaments achetés en pharmacie, consultation chez le spécialiste. En effet, en France, on ne va à l'hôpital que pour les cas graves ou urgents. Et si vous n'avez pas de médecin traitant, téléphonez au service « SOS Médecins » de votre ville qui vous donnera un rendez-vous ou ira vous visiter à domicile si vous ne pouvez pas vous déplacer.

2) La prise en charge à 100 % des frais d'hospitalisation et de traitement (opération...) à l'exception d'un petit « forfait hôtelier » de 18 € par jour (participation aux frais de nourriture et d'hébergement lors d'un séjour à l'hôpital).

Attention. Si vous allez voir un médecin très réputé, il peut vous demander un « dépassement d'honoraire » qui n'est pas remboursé !

3.1 保险、住宿和银行开户

A. 保险 »»

保险是一种共担风险的机制，在此机制下，每个人以最低的成本获得风险覆盖。保险主要分成两大类，分别对应两大风险类型：

▲ **第一类是"健康"险，覆盖你本人可能遭遇的变故**：疾病、事故、生育及养老。在法国，这些风险通常情况下都由社会保障体制（以下简称"社保"）所覆盖。任何居住在法国的人都可以且理应加入社保体系，以获得上述各方面的保障。加入该体系需要缴纳一定的分摊金。对于学生而言，完成大学注册并支付年度分摊金后，学生就自动加入了大学生社保体系。

这种类型的风险覆盖表现为：

1）报销疾病相关的大部分费用（约为70%），如全科医生问诊费、在药店购买药物的费用、专科医生问诊费。事实上，在法国，人们只在严重或紧急的情况下才会去医院。如果你没有家庭医生，可以打电话给所在地的"SOS医生"，预约后前去就医，或者在行动不便时请医生上门就诊。
2）报销住院及治疗的全部费用（手术等），除了需要每天自行缴纳的18欧元的"住院费"（住院期间食物及住宿费用的一部分）。

请注意，知名医生出诊可能收取额外的费用，这笔费用是不能报销的。

Pour atténuer ces coûts qui restent à votre charge en cas de maladie ou d'hospitalisation, il y a des assurances dites « complémentaires santé », qui versent donc des remboursements concernant la part non couverte de la Sécurité Sociale.

Lors de votre inscription à l'université, il vous sera proposé de choisir une « mutuelle santé ». La Mutuelle des étudiants (LMDE) offre cinq niveaux d'assurance complémentaire santé, de 75 € à 639 € par an (tarifs 2014-2015). La prestation de base est souvent suffisante.

▲ **Les assurances responsabilité civile qui vous assurent contre les dégâts *que vous pouvez provoquer*.** En effet, il peut arriver que, sans le vouloir, vous soyez la cause d'un accident : vous vous êtes assis sur les lunettes du voisin, vous avez fait tomber son micro-ordinateur, vous avez « inondé » le voisin d'en-dessous en laissant couler l'eau dans un lavabo bouché… Bref, sans assurance, cela pourrait vous coûter très cher. Le risque d'être rendu responsable d'un tort causé à quelqu'un et de devoir payer les dommages ainsi provoqués est couvert par une assurance dite « responsabilité civile et habitation ».

Cette assurance est obligatoire (le propriétaire qui vous loue un studio va vous en demander la preuve). Elle est peu chère si vous la prenez dans le cadre de la formule de base d'une mutuelle santé étudiante (qui couvre alors les deux risques : santé, et dommage à autrui).

B. Se Loger ⟫⟫

Le contrat de location est le contrat qui régit les relations entre un propriétaire, possesseur d'un bien, et un locataire à qui il met ce bien à sa disposition en contrepartie d'une redevance périodique (généralement mensuelle) en argent appelée loyer. Si vous louez un grand appartement à plusieurs, vous êtes des colocataires.

Attention. Il y a une difficulté de langage : le verbe louer est un verbe à double sens qui désigne aussi bien l'acte du propriétaire (qui loue son studio à un locataire) que l'acte du locataire (qui loue un studio à un propriétaire).

还有一些"健康补充保险"，可以降低你可能需要承担的治疗或住院费用，它们会报销社保不能覆盖的部分。

在大学注册的时候，学校会向你建议购买健康医疗补充保险。其中，学生医疗互助保险（La Mutuelle des étudiants，即LMDE）提供5个等级的健康补充保险，每年缴费从75欧元到639欧元（2014至2015年的资费）不等。通常情况下，最低缴费已经足够。

▲ **第二类是责任险，覆盖你可能造成的损害**。事实上，你有可能在无意的情况下成为肇事者：比如你坐在了邻座的眼镜上或者不小心碰到他的电脑而令它摔坏了，你的洗碗池被堵、水漫出来流到了楼下邻居家里……简而言之，如果没有保险，你可能要付出很大的代价。"民事责任及住房保险"便可覆盖此类需要赔偿的风险。

这份保险是必需的（租给你公寓的房东会要求你提供保险证明）。如果你在购买学生医疗互助保险的基础上顺带买一份责任险，那么后者便会便宜不少。如此，你所购买的保险就可以覆盖你的健康问题以及你可能对他人造成的损失。

B. 住宿

租房合同是有房产的房东与租房的房客之间签订的合同。房东将房子租给房客，定期（通常是每月）收取一定费用，即房租。如果几个人合租一个大的公寓，那么你的身份就是合租人。

请注意，法语里louer这个词是一个双向词，也就是说房东把公寓租给房客与房客从房东那里租住公寓的行为都叫做louer。

• **Chambre/appartement/studio**

On dit « louer une chambre » ou « louer une chambre chez l'habitant ». Dans ce cas, vous aurez l'usage privatif absolu d'une chambre chez quelqu'un et l'accès partagé à la salle de bain, au WC et à la cuisine. Le loyer comprend le chauffage, l'eau et l'électricité : il est donc complet (il n'y aura pas de supplément à payer).

On parle d'appartement quand il y a une cuisine distincte et une pièce (T1), deux pièces (T2), trois pièces (T3)…

On parle de studio quand le logement est autonome (accès qui lui est propre, WC, douche, « coin cuisine » avec souvent une seule grande pièce).

NB : dans le cas du studio et de l'appartement, le locataire doit payer, en plus du loyer, sa consommation d'eau, d'électricité, de gaz, et son chauffage. Il doit de plus souscrire les abonnements correspondants (démarche à faire + coût), payer chaque année la taxe d'habitation (contribution des habitants aux frais de fonctionnement de la Commune), rembourser au propriétaire une partie des frais de fonctionnement de l'immeuble (nettoyage, éclairage… appelés « charges ») et la taxe d'enlèvement des ordures ménagères. Donc le coût global d'une location est bien supérieur au seul loyer, et il est important de bien regarder comment est noté son niveau d'isolation thermique (de « A » très bon, à « F » très très mauvais) pour ne pas avoir de frais de chauffage trop importants.

• **L'habitat intergénérationnel**

Dans certaines villes (par exemple à Grenoble), il est organisé un système de location intergénérationnelle selon lequel un ou une étudiante peut louer une chambre chez une personne âgée (ou très âgée) à un tarif avantageux en contrepartie de petits services à rendre à cette personne (par exemple lui faire ses courses, sortir la promener). C'est une bonne opportunité pour un étudiant étranger, car moins coûteuse, et surtout lui permettant de pratiquer et d'améliorer son niveau de français. Exemple à Grenoble : l'Association « Domicile Inter-Générations Isérois » (http://digi38.org/).

• **La colocation**

C'est une occasion très enrichissante sur le plan personnel de vivre avec d'autres jeunes souvent d'autres nationalités une expérience de cohabitation avec ses bonheurs… et ses petites frictions. Attention cependant de ne pas s'engager avec n'importe qui et éviter les personnes bruyantes, les fumeurs, et les mauvais payeurs ! C'est aussi un bon moyen de pratiquer et d'améliorer son français… si les colocataires ne sont pas uniquement chinois !

• 房间 / 公寓 / 单间套房

如果你租住的是一个房间，那么你对所租房间有绝对的私有使用权，但需要和他人共用浴室、厕所和厨房。房租里已经包含了供暖和水电费，没有额外的费用。

你可以选择租住公寓，它通常有一个独立的厨房及一个房间（T1）、两个房间（T2）、三个房间（T3）或更多房间。

你还可以租一个单间套房。这是一种特定类型的独立住所，有自己单独的入口，并且厕所、浴室以及开放的小厨房通常处于同一个较大的房间里。

> **注意：** 在单间套房或公寓里，租户需要在房租之外另外支付水电费、燃气费以及暖气费。他还需要自己预订包月服务（办理手续并缴费），每年支付居住税（用于所在城市的运转），还需要给房东一部分楼房的运转费用（用于清洁、照明等，被称为"公摊费"）和垃圾清理费用。由此看来，租房的整体成本远远高于房租本身。要仔细看清房子的隔热、保暖情况和等级（从很好的A级到很差的F级），以避免过于昂贵的取暖费用。

• 隔代居住

在一些城市里（比如格勒诺布尔），有专门的隔代租房体系，以便学生以相对便宜的房租租住在一位年长的老人家里，但学生需要为老人提供一些小的服务（比如帮忙买东西、带老人出去散步）。对于外国学生来说，这是一个很好的机会，房租相对便宜，还可以练习说法语，提高法语水平。格勒诺布尔的具体做法参见伊泽尔隔代居住协会的网站：http://digi38.org/。

• 合租

来自不同国家的年轻人一起居住对个人而言是一个非常有益的机会。合租有愉快时光，当然也会有一些小纠纷……但请注意，不要不经选择地随便与人合租，选择合租同伴时还要避免吵闹的人、吸烟者和不按时付房租的人！如果合租的人不全是中国人，那么这也是一个提高法语水平的好办法。

Pour s'intégrer rapidement à la société française, les étudiants étrangers ont besoin de disposer très vite d'un compte courant bancaire ainsi que d'une carte bancaire de paiement. En effet, la France est l'un des pays au monde où la proportion des paiements effectués par carte bancaire est la plus élevée. De plus, afin d'éviter que des étudiants étrangers dépourvus de moyens arrivent en France et se retrouvent très vite en difficulté financière, le consulat exige, pour délivrer un visa, que le demandeur produise avant son départ :

▲ une attestation de pré-inscription à l'université ou école,

▲ une attestation de logement (soit une attribution d'une chambre universitaire par le **CROUS**, soit un contrat de location d'un organisme privé, soit une réservation dans un hôtel. Sinon, il faut produire une lettre explicative, comme par exemple en cas d'hébergement chez un particulier).

▲ une attestation (ou un chèque certifié par la Banque de Chine) prouvant qu'ils disposent d'une somme de 7 000 euros qu'ils pourront déposer sur leur futur compte bancaire en France.

Mais pour déposer cette somme sur leur compte bancaire, encore faut-il avoir pu l'ouvrir. Le plus souvent, les étudiants choisissent la banque LCL qui leur offre une carte internationale spécifique (ISIC : *International Student Identity Card*) où sont mentionnées leur établissement d'enseignement et leur nom.

Cette carte bancaire (carte de débit, et non carte de crédit) sera nécessaire pour le dossier d'obtention du **titre de séjour,** dossier à déposer à la Préfecture du département. Celui-ci est inséré dans le passeport la première année, puis délivré sous la forme d'une carte de séjour la 2ᵉ année. Une fois le formulaire rempli, il y a une première convocation à la préfecture pour valider diverses informations et documents, suivies d'une deuxième convocation pour retirer le titre de séjour.

> **NB :** notons que ces formalités sont assez complexes, surtout pour un étudiant étranger qui ne parle pas encore bien le français (c'est là la principale difficulté rencontrée), et que les nouveaux arrivants se font souvent aider par des anciens étudiants, gratuitement... ou moyennant finances (attention, on nous a rapporté le cas où la personne se proposant pour « aider » avait exigé une somme tout à fait excessive !).

C. 银行开户及其他手续 ────────────────────>>

为了尽快融入法国生活，外国学生需要尽快办理银行活期账户，拿到银行卡。法国是全世界利用银行卡支付比例最高的国家之一。而且，为了避免没有经济实力的外国学生来到法国后很快陷入资金困难的情况，法国领事馆要求申请人在出发前提供以下材料，材料合格方给予签证：

▲ 大学或私立学校的预注册证明；

▲ 住宿证明（要么是**学校事务管理中心**提供的大学宿舍，要么是私人机构的租房合同，要么是酒店订单。否则则需要提供一封解释信，比如住在私人家里）；

▲ 存款证明（或中国银行开具的一张支票），证明当事人拥有7000欧元以上的资金，可转到未来的法国账户中。

为了将这笔钱转入法国的银行账户，首先需要开一个法国银行账户。学生最常选择的银行是里昂信贷银行，它提供一张专门的国际卡（国际学生身份卡），上面有学生的学校和姓名。

学生在向所在地的警察局（法国移民和融入局的一个服务机构）申请**居留证明**的时候也必须提供银行卡（借记卡而非信用卡）。第一年的居留证明是直接贴在护照上的：表填完之后，警察局会约见学生一次，以核实多种信息和材料，然后学生需要再前往领取居留。第二年的居留证明将替换为卡片形式的居留证。

注意：这些手续比较复杂，尤其是对于法语讲得还不够流利（主要的困难即在于此）的外国学生。为此，很多新来的学生会让前辈提供免费或有偿帮助（请注意，我们听说过有人在提供"帮助"时漫天要价！）。

SAVOIR S'ORGANISER ET GÉRER SON TEMPS

Pourquoi s'organiser ?

Lorsqu'un étudiant a échoué une année et qu'il s'interroge sur les causes de cet échec, celles qui sont le plus fréquemment évoquées sont le manque d'organisation et la mauvaise gestion de son temps : « Je m'y suis mis trop tard », « je n'ai pas eu le temps de bien réviser », « J'ai été débordé », « Il m'aurait fallu plus de temps »…

Nous verrons que pour bien gérer son temps, il faut organiser son année, organiser son semestre, organiser ses révisions, organiser sa semaine, organiser sa journée, et bien savoir gérer ses priorités.

A. Organiser son année

Dès que vous disposez du programme et des coefficients de chaque matière, et si vous connaissez bien vos points forts et vos points faibles, vous pouvez identifier :

▲ Les matières pour lesquelles vous aurez plus de difficultés, qui vous demanderons sans doute plus de travail ;
▲ Les matières pour lesquelles vous n'avez peut-être pas tout à fait tous les pré-requis, dans lesquelles vous savez que vous avez des lacunes ;
▲ Les matières, au contraire, dans lesquelles vous êtes « à l'aise » et qui vous demanderont moins de travail, moins de temps.

Organiser son année, c'est déjà prévoir ce fait que certaines matières vous demanderont plus de travail que d'autres, et que vous devrez même parfois travailler avant le début de la matière (rattrapage de lacunes pour se « mettre à niveau »).

B. Organiser son semestre

Il faut d'abord bien identifier les dates de début et de fin de chaque enseignement, les dates des examens, les dates des vacances, les dates de la « semaine blanche » (semaine sans cours avant les examens pour pouvoir réviser) s'il y en a une… Bref : avoir une vision claire du semestre à venir.

3.2　学会自我安排与管理时间

为什么要有安排？

　　当一个学生没有取得合格的成绩而反省失败原因时，最常提到的便是缺乏安排、时间管理不当："我开始得太晚了""我没有足够的时间好好复习""我忙不过来""我需要更多的时间"……

　　因此，为了更好地管理时间，你需要安排好一学年、一学期、一次复习、一个星期和一天的行程，并且要分清轻重缓急。

A. 安排好一学年　　　　　　　　　　　　　　　　　　　　　　　》》》

　　一旦拿到课程表以及每个学科的分值系数清单，而你又了解自己的强项和弱项时，你便会知道：

- ▲ 在哪些科目上你将面临困难，可能需要在上面花更多的功夫；
- ▲ 在哪些科目上你的基础知识可能不扎实，有很多薄弱点；
- ▲ 还有哪些科目你已经"得心应手"，可以花较少的精力与时间在上面。

　　安排好一学年，你需要预先考虑到哪些科目需要你花更多功夫，哪些可能需要你在开课前自行开始学习（以弥补漏洞，"达到应有的水平"）。

B. 安排好一学期　　　　　　　　　　　　　　　　　　　　　　　》》》

　　首先，需要弄清楚每门课的开始与结束时间、考试日期和放假日期，考试前是否有复习周，如果有，是哪几天……总之，要对接下来的一学期有一个清晰的认识。

Assez vite après le début des enseignements, vous pourrez aussi identifier les travaux de contrôle continu à effectuer dans chaque matière, et en particulier ceux qui vous demanderont beaucoup de temps (exposé collectif, note de synthèse importante...).

C. Organiser ses révisions

Rappelons d'abord cette évidence : on ne peut parler de révisions (revision : voir à nouveau) que s'il y a eu « vision » préalablement. Autrement dit, les révisions servent à revoir des notions que l'on a déjà comprises. Il est trop tard pour les découvrir... On ne révise bien qu'une matière que l'on a régulièrement travaillée pendant l'année.

Rappelons également que vos révisions seront d'autant plus efficaces que vous aurez des cours « propres » (des notes de cours mises au propre), des fiches de synthèse, des résumés, des listes de définition, etc.

Il faut commencer ses révisions avant la période de révision (jours libres entre la fin des cours et le début des examens), car cette période est souvent insuffisante, et elle est parfois grignotée par le rattrapage de cours qui avaient été annulés pour une raison ou une autre (absence de l'enseignant, grève, coupure d'électricité ou de chauffage, alerte sécurité, etc.).

Les matières qui seront le plus vite révisées seront les matières que vous aurez bien travaillées régulièrement tout le long de l'année.

D. Organiser sa semaine

Dès que vous avez votre emploi du temps, il faut organiser votre semaine en fonction des contraintes horaires, du travail à faire, des travaux de groupe, etc.

Si vous voyez un trou d'une heure entre deux enseignements, prévoyez d'aller travailler en bibliothèque. De la même manière, si vous avez cours de 10 h à 12 h et de 15 h à 17 h prévoyez de travailler une partie du temps entre 12 h et 15 h, mais si vous avez cours de 8 h à 12 h et de 14 h à 18 h (... cela peut arriver !), prévoyez alors plutôt de vous détendre et vous promener entre 12 h et 14 h.

Essayer de limiter le nombre d'aller-retour au campus et de sauvegarder des demi-journées de travail chez vous, et... ne les gaspillez pas en faisant autre chose.

Pour ne pas perdre de temps sur le campus, aller travailler en bibliothèque dès que vous avez un temps suffisant entre deux cours (en France, les bibliothèques universitaires sont ouvertes en continu environ de 8 h 30 à 20 h 30).

课程开始后，你很快就会发现每门课平时要做的作业是什么情况，尤其是那些需要你花很多时间的作业（小组口述、重要的综述作业等）。

C. 安排好复习

首先请注意：我们说复习，前提是有曾经的"学习"在先。也就是说，复习是为了将我们之前学到的东西再过一遍。复习时才从头学起的话已经为时太晚……一门课只有通过一年中有规律的学习，才能复习得有成效。

如果你有整洁的（经过整理的）课堂笔记、综述笔记、概要以及定义清单等等，复习的效率会更高。

应该在考前复习阶段（课程结束后到考试前）之前就开始着手，因为复习阶段的时间通常不够用，而且有时还会被补课占用。事实上，有些课之前会由于各种原因（老师不在、罢课、断电/断暖气、安全警报等等）而被取消。

那些复习起来最快的一定是你这一年里时常温习的那个科目。

D. 安排好一周

一旦有了课程时间表，你就要根据时间限制、个人作业和小组作业等的情况来安排时间。

如果在两节课之间有1小时的空隙，你可以去图书馆学习。同样，假如你在上午10点到中午12点之间、下午3点到5点之间有课，那就可以在中午12点到下午3点之间安排一段学习时间。但如果你上午8点到中午12点、下午2点到6点之间都有课（这是有可能的！），那就最好在中午12点到下午2点之间放松一下，散散步。

尽量限制往返于校园与住处之间的次数，并且留出半天的时间在家学习，不要把时间浪费在别的事情上。

为了不在校园里虚度时光，只要课间一有充足的时间，你就可以去图书馆学习（法国大学校园里的图书馆从早上8点半到晚上8点半不间断开放）。

E. Organiser sa journée   »»

Chacun a son rythme et certains travaillent mieux le soir et d'autres le matin.

En règle générale, il vaut mieux se lever tôt et se coucher tôt, et ceci avec des heures régulières.

Faites la chasse au temps perdu, aux « temps-morts ». Utilisez mieux les intervalles, les entre deux cour... et surtout, utilisez mieux le temps des cours ! Un cours doit être déjà à moitié appris quand on en sort (sinon, on a fait uniquement un travail de prise de notes, de copiste !).

Prévoir des temps de détente, des temps de relations avec les autres étudiants, (et pas seulement les étudiants chinois !). Il faut vous insérer dans un groupe de copains (étymologiquement, un copain est quelqu'un avec qui on partage son pain, avec qui on prend volontiers un repas).

F. Savoir gérer ses priorités   »»

Sur ce point, le mieux est de lire et de méditer le petit texte ci-après[1] :

Savoir gérer ses priorités *(par Anonyme)*

Un jour, un vieux professeur fut engagé pour donner une formation sur la planification efficace de son temps à un groupe d'une quinzaine de dirigeants d'entreprises.

Ce cours constituait l'un des cinq ateliers de leur journée de formation. Le vieux professeur n'avait donc qu'une heure pour faire passer son message.

Debout, devant ce groupe d'hommes pressés (qui était prêt à noter tout ce que l'expert allait enseigner), le vieux professeur les regarda un par un, lentement, puis leur dit :

« Nous allons réaliser une expérience ».

De dessous la table qui le séparait de ses élèves, le vieux professeur sortit un immense pot de verre de plus de quatre litres qu'il posa devant lui. Ensuite, il sortit environ une douzaine de cailloux à peu près gros comme des balles de tennis et les plaça un par un, dans le grand pot. Lorsque le pot fut rempli jusqu'au bord et qu'il fut impossible d'y ajouter un caillou de plus, il leva lentement les yeux vers ses élèves et leur demanda :

---

[1] Voir le site: http://www.lhibiscus. fr/Le-vieux-professeur-et-les.

E. 安排好一天

每个人都有自己的节奏，有些人晚上工作效率更高，有的人则是在早上。通常情况下，最好是早睡早起，有规律地作息。

要妥善地安排一切可利用的时间，更好地利用课间，也更好地利用课堂时间。当一堂课结束时，我们应该已经掌握了一半内容（否则，我们在课上只不过当了一回笔记记录员！）。

预留休闲时间和同其他同学（不仅仅是中国同学）交往的时间，试着融入一个朋友圈子（从词源上来说，法语的copain一词指的就是那些我们愿意与之分享面包、共同进餐的人）。

F. 学会分清轻重缓急

关于这一点，最好阅读并思考下面这段文字[①]：

学会分清轻重缓急（作者：佚名）

一天，一位老教授被请去给十几位企业高管做一个关于有效安排时间的培训。

这是他们这一天培训里的五个研讨会之一。这位老教授只有一个小时来传达自己的信息。

老教授站在这群焦急的人前面（他们准备随时记下这名专家要讲授的所有内容），将每个人都打量了一番，然后对他们说：

"我们一起来做个实验。"

老教授和学员之间隔着一张桌子，他从桌子底下拿出一个4升多的玻璃罐子放到了自己面前。然后，他又拿出12个网球大小的石头，把它们一个个放进了罐子里。等到罐子装满了，已经无法再往里面加石头了，他慢慢抬起头来看着学生们，问道：

---

① 参见网站：http://www.lhibisaus.fr/Le-vieux-professeur-et-les。

« *Est-ce que ce pot est plein ?* »

Tous répondirent :

« *Oui* ».

Il attendit quelques secondes et ajouta :

« *Vraiment ?* ».

Alors, il se pencha de nouveau et sortit de sous la table un récipient rempli de gravier. Avec minutie, il versa ce gravier sur les gros cailloux puis brassa légèrement le pot. Les morceaux de gravier s'infiltrèrent entre les cailloux… jusqu'au fond du pot. Le vieux prof leva à nouveau les yeux vers son auditoire et redemanda :

« *Est-ce que ce pot est plein ?* ».

Cette fois, ses brillants élèves commençaient à comprendre son manège. L'un d'eux répondit :

« *Probablement pas !* ».

« *Bien !* » répondit le vieux prof.

Il se pencha de nouveau et cette fois, sortit de sous la table un seau de sable. Avec attention, il versa le sable dans le pot. Le sable alla remplir les espaces entre les gros cailloux et le gravier. Encore une fois, il demanda :

« *Est-ce que ce pot est plein ?* ».

Cette fois, sans hésiter et en chœur, les brillants élèves répondirent :

« *Non !* ».

« *Bien !* » répondit le vieux prof.

Et comme s'y attendaient ses prestigieux élèves, il prit le pichet d'eau qui était sur la table et remplit le pot jusqu'à ras bord. Le vieux prof leva alors les yeux vers son groupe et demanda :

« *Quelle grande vérité nous démontre cette expérience ?* ».

Pas fou, le plus audacieux des élèves, songeant au sujet de ce cours, répondit :

« *Cela démontre que même lorsque l'on croit que notre agenda est complètement rempli, si on le veut vraiment, on peut y ajouter plus de rendez-vous, plus de choses à faire* ».

« *Non !* » répondit le vieux prof. « *Ce n'est pas cela. La grande vérité que nous démontre cette expérience est la suivante : si on ne met pas les gros cailloux en premier dans le pot, on ne pourra jamais les faire entrer tous ensuite.* »

Il y eut un profond silence, chacun prenant conscience de l'évidence de ces propos. Le vieux prof leur dit alors :

« *Quels sont les gros cailloux dans votre vie ?* »

« *Votre travail ? Votre santé ? Votre famille ? Vos ami(e)s ? Réaliser vos rêves ? Faire ce que vous aimez ? Apprendre ? Défendre une cause ? Se relaxer ? Prendre le temps… ? Ou… tout autre chose ? …* »

« *Ce qu'il faut retenir, c'est l'importance de mettre ses GROS CAILLOUX en premier dans sa vie, sinon on risque de ne pas réussir… sa vie. Si on donne priorité aux peccadilles (le gravier, le sable), on remplira sa vie de peccadilles et on n'aura plus suffisamment de temps précieux à consacrer aux éléments importants de sa vie.* »

« *Alors, n'oubliez pas de vous poser à vous-même la question : Quels sont les GROS CAILLOUX dans ma vie ? Ensuite, mettez-les en premier dans votre pot (votre vie).* »

D'un geste amical de la main, le vieux professeur salua son auditoire et lentement quitta la salle.

"这个罐子装满了吗？"

所有人都回答说：

"满了。"

他顿了几秒，说："真的吗？"

然后，他又弯下腰去，从桌子底下拿出了一个装满了砂砾的容器。他小心翼翼地将这些砂砾倒在了石头的上面，随后轻轻地摇了摇罐子。这些砂砾渗入了石头中间，直到罐子底部。老教授又抬起头来看着自己的听众们，重新问道：

"罐子装满了吗？"

这一次，一些聪明的学生开始明白他的把戏。其中一个回答说：

"可能还没有。"

"很好。"老教授回答说。

他又一次弯下腰去。这一次，他从桌子底下取出了一桶细沙。他很小心地将细沙倒进了罐子里。细沙填满了大石头和砂砾之间的缝隙。他又问道：

"罐子满了吗？"

这次所有优秀的学生都毫不犹豫、异口同声地回答道：

"没有。"

"很好。"老教授说道。

正如这些优秀的学生所料，他拿出一壶水放在桌子上，又往罐子里倒，直到罐子口。然后老教授抬起头来，看着大家，问道：

"这次实验说明了一个什么道理？"

最大胆的一名学生很精明，联想到了本节课的主题，回答说：

"这说明，只要我们愿意，仍然可以往排得满满的日程表里面添加上一些预定事项，甚至还可以做更多的事情。"

"不对，"老教授回答说，"不是。这个实验向我们证明的最大的道理是：如果我们一开始不把最大的石头放进去，最后我们将无法把所有的东西都放进去。"

然后是一片沉默，每个人都意识到这些话所蕴含的道理是多么显而易见。老教授于是对他们说：

"你们生活中最大的石头是什么？"

"工作？健康？家庭？朋友？实现梦想？做自己喜欢的事？学习？维护权益？自我放松？不着急，慢慢来，还是其他什么？"

"需要记住的，是将'大石头'放在生命中第一位的重要性。否则，我们可能无法取得成功。如果我们把小事（砂砾、细沙）放在首位，我们的一生就会充满了这些微不足道的事情，而没有用足够的宝贵时间致力于生命中重要的部分。"

"因此，不要忘记问自己：什么才是我生命中的'大石头'？然后，要先把这些'大石头'放入你们的罐子（生命）里。"

老教授向他的观众做了一个友好的告别手势，随后缓缓地离开了教室。

3.3 MENER UNE VIE SAINE ET GÉRER SON STRESS

Selon une enquête menée par La Mutuelle des étudiants (LMDE) en 2008 sur la santé des étudiants, 98 % des étudiants jugent leur état de santé satisfaisant, mais :

- ▲ 40 % sont souvent ou en permanence fatigués ;
- ▲ 30 % se sentent très nerveux ;
- ▲ 24 % se disent même épuisés ;
- ▲ et 5 % ont déjà eu des pensées suicidaires.

Il est donc clair que pour réussir ses études, il faut avant tout avoir un bon équilibre de vie.

Cet équilibre de vie peut se ramener à quelques grands points :

- ▲ bien s'alimenter ;
- ▲ bien dormir ;
- ▲ savoir se détendre ;
- ▲ faire du sport ;
- ▲ ne pas rester isolé ;
- ▲ ne pas fréquenter que des étudiants chinois ;
- ▲ savoir gérer son stress.

A. Bien s'alimenter

Les français ont inventé un mot : la « *mal bouffe* » (= mauvaise alimentation) pour désigner un ensemble de pratiques alimentaires qui sont déplorables tant par le contenu de l'assiette (aliments trop gras, trop salés, trop sucrés…) que par la manière de manger (debout, trop vite, dans le bruit, dans un courant d'air dans un hall…).

3.3　健康生活，疏散压力

根据学生医疗互助保险机构2008年做的一份关于学生健康状况的调查，98%的人认为自己的健康状况令人满意，但是，接受调查的学生当中：

- ▲ 40%的人经常甚至长期处于疲惫状态；
- ▲ 30%的人觉得精神很紧张；
- ▲ 24%的人甚至说自己疲惫至极；
- ▲ 5%的人已经有过自杀的想法。

因此，很明显，要想学业顺利，首先必须平衡自己的生活。
这种平衡可归为几大点：

- ▲ 保持健康的饮食习惯；
- ▲ 保证良好的作息；
- ▲ 学会放松；
- ▲ 多做运动；
- ▲ 避免自我孤立；
- ▲ 避免局限于中国学生圈子；
- ▲ 学会疏散压力。

A. 保持健康的饮食习惯

法国人发明了一个词——"坏饮食"，指一系列不良饮食行为，从对食物的选择（太油腻、太咸、太甜等），到饮食习惯（站着吃饭、吃得太快、在喧闹环境里或厅内穿堂风中进食等）。

Et effectivement, bien s'alimenter est l'une des premières conditions pour être en forme et réussir ses études. Une alimentation déséquilibrée diminue le potentiel physique et intellectuel de l'étudiant. Une alimentation dans le bruit et le stress est mal assimilée et ne profite pas.

Les règles de base d'une alimentation équilibrée peuvent se résumer à :

• Contenu de l'alimentation

▲ Manger régulièrement (trois repas par jour à heure fixe, sans sauter de repas) ;

▲ Une alimentation variée (manger de tout un peu : fruits et légumes pour les fibres et les vitamines ; pain, pâtes, pommes de terre, maïs… pour les sucres ; céréales complètes, légumineuses pour les fibres et l'énergie ; viandes, œufs, poissons et produits laitiers pour les protéines ; huile, matières grasses, pour l'énergie, les vitamines, et autres nutriments essentiels) ;

▲ Et boire suffisamment (de l'eau, pas du Coca-Cola ou d'Orangina qui sont beaucoup trop sucrés !).

• Manière de s'alimenter

▲ Manger assis, dans un endroit sans courants d'air, pas bruyant ;

▲ Manger dans le calme, pas dans le stress ou la précipitation ;

▲ Si possible manger avec des amis, des camarades dans une ambiance conviviale et détendue (et si possible avec des camarades francophone pour améliorer son français).

Un sandwich avalé debout, à toute vitesse, dans le hall des amphis entre deux cours voilà ce qu'il faut éviter à tout prix ! Une pizza + un coca + une barre chocolatée sucrée le soir : voilà l'erreur !

Donc, à midi même s'il y a un peu de queue, privilégiez le restaurant étudiant (« Resto U ») et le soir de même : vous aurez un repas complet, équilibré, assis, et… avec des copains.

而且，保持好的饮食习惯是保持身体健康、保障学习顺利的首要条件之一。不平衡的饮食会损害身体和精神上的潜能。在喧闹和紧张氛围中进食不利于消化，对身心无益。

平衡饮食的基本准则可以归纳为：

● 饮食内容

- ▲ 规律进食（一日三餐，按时吃饭，不可饱一餐饿一餐）；
- ▲ 饮食品种丰富（什么都吃点儿：从蔬菜和水果中获得纤维素和维生素；从面包、多种面点、土豆、玉米等食物中获得糖分；从全麦、豆类食物中以获得纤维素和能量；从肉类、蛋类、鱼类和奶制品中获得蛋白质；从油、脂肪类食物中获得能量、维生素以及其他重要的营养元素）；
- ▲ 摄入足够的水分（喝水，而不是可口可乐和橙子汽水，它们的糖分太高！）。

● 进食方式

- ▲ 要在没有穿堂风和吵闹声的地方坐着进食；
- ▲ 要平心静气地进食，不能慌慌张张吞咽；
- ▲ 如果可能，就和朋友或同学在融洽、放松的氛围中一起吃饭（并且，如果有机会，可以和法国朋友一起吃饭，好借此机会练习法语）。

课间在大厅里站着，匆匆忙忙吃完一个三明治，这是一定要避免的！晚上吃比萨、巧克力棒，喝可乐也是失策的！

因此，尽管学生食堂（Resto U）里午晚餐时段都会排起长队，还是应以它作为最优选择：它至少保证你的饮食结构完整而平衡，而且……你可以和朋友一起吃。

Ne pas trop fréquenter les fast-foods... Éviter les repas déséquilibrés – gras + féculent + sucre (comme par exemple : « burger/frites/gâteau ou glace »), et choisissez plutôt :

- ▲ Si burger/frites, alors salade de fruits en dessert ;
- ▲ Si salade garnie, alors gâteau ou glace possible en dessert.

B. Bien dormir

Une autre condition pour être en forme et réussir ses études est d'avoir un sommeil réparateur, c'est-à-dire suffisant en durée et en qualité. Un sommeil trop court et/ou agité ne permet pas à l'organisme de « recharger ses batteries » pour commencer une nouvelle journée dans de bonnes conditions.

Les règles de base d'un bon sommeil sont les suivantes :

- ▲ **Cadre matériel** : un bon matelas sur un bon sommier, bien orienté selon les énergies et dans une pièce à l'abri du bruit et suffisamment aérée (laisser la fenêtre entrouverte quand cela est possible).
- ▲ **Durée** : l'idéal est d'avoir 8 h de sommeil (ne pas tomber en dessous de 8 h) même en période d'examen.
- ▲ **Qualité** : un sommeil détendu, pas agité, ce qui suppose de ne pas avoir regardé un film de guerre ou d'horreur juste avant... et de ne pas avoir fait de l'écran (surfé, tchaté, travaillé...) juste avant. Le mieux est de terminer la journée par une activité apaisante : 20 minutes de lecture hors écran, de méditation, de yoga, d'écoute de musique douce (ou tout cela à la fois !).

不要吃太多快餐。要避免不平衡的饮食——油腻的、淀粉含量高的、太甜的食物（比如说：汉堡包、薯条、蛋糕或冰淇淋），而是应搭配着吃：

▲ 若一餐中食用过汉堡包或薯条，甜点则应吃点水果沙拉；
▲ 若一餐中吃了搭配丰富的沙拉，甜点则可吃点蛋糕或冰淇淋。

B. 保证良好的作息

保持健康状态、促进学习的另外一个条件是保证良好的作息，即保证足够多的睡眠时间和足够好的睡眠质量。睡眠不足或睡眠质量不佳都无法让身体"充好电"，无法在好的状态下开始新的一天。

保障良好睡眠的基本准则如下：

▲ **物质方面**：选用好的床和床垫。床的朝向要好，以获得足够的热量；房间要隔音，且通风良好（如果可能，可半开窗户）。
▲ **时长方面**：最好要睡足8个小时（不能少于8个小时），即便考试期间忙于复习，也应保证足够的睡眠时间。
▲ **睡眠质量**：保持放松的睡眠状态，不能心神不定，也就是说睡觉前不宜看战争片或恐怖片，也不宜在屏幕前待太久（上网、聊天、学习等）。最好是在一天结束时做些让自己放松的事情：花20分钟阅读、思考、做瑜伽或听柔和的音乐（或者同时做几种）。

▲ **Horaires** : un bon sommeil est plutôt 22 h – 7 h, ce qui est prescrit en Chine, donc, conservez vos bonnes habitudes. En France, un dicton dit que « les heures de sommeil avant minuit comptent double ». Il est vrai que, par tempérament, certains sont plutôt « du soir » et d'autres sont plutôt « du matin ». Mais il faut reconnaître qu'il est souvent plus productif de travailler de 6 h 30 à 7 h 30 avant le petit déjeuner, que de 23h à 24h. Il vaut mieux se lever à peu près à la même heure tous les matins…, même si vous vous êtes couché tard : dans ce cas faite une (petite) sieste (NB : dormir en cours est très mal perçu par les enseignants en France). Dernière remarque : pas de somnifères – un bain chaud avec des sels de bain relaxant et une musique douce et une tisane calmante (camomille, passiflore, tilleul, valériane doivent suffire).

▲ **Préparer son sommeil.** On ne passe pas d'une minute à l'autre de l'agitation au sommeil. Le mieux serait de débrancher son téléphone portable dès 21 h, et de ne plus faire d'écran après 21 h 30… Faites respecter votre intimité : mettez-vous en mode répondeur, et vous-même, n'appelez pas après 21 h !

En somme, les principales erreurs sont :
1) De croire que dormir est une perte de temps.
2) De se coucher tard ou très tard (voire très très tard).
3) De trop manger et ou trop boire le soir, de s'exciter, d'écouter une musique trop existante.
4) Le pire : avoir eu une « prise de bec » avec son copain ou sa copine et être en colère… Dans ce cas, apprenez vite des techniques de relaxation !
5) De s'octroyer plus qu'une seule « soirée » par semaine.

C. Savoir se détendre 　　　　　　　　　　　　　　》》》

Une erreur courante de l'étudiant qui veut travailler beaucoup pour réussir est de supprimer tous les moments de détente ! Ceci est une grave erreur : nous ne sommes pas des robots infatigables, et les moments de détente nous sont aussi indispensables que l'oxygène !

▲ **时间安排**：最好从晚上10点睡到早上7点，这和中国的讲究相似，应当保持这个良好的习惯。在法国，有句谚语说"午夜前的睡眠事半功倍"。的确，有些人在习惯上更偏向"昼伏夜出"，而另外一些人则是"昼出夜伏"的。但是，需要承认的是，早上6点半到7点半学习会比晚上11点到12点更加有效。最好每天早晨都同一时间起床，哪怕你睡得晚：如果确实睡得比较晚，那就应该睡会儿午觉（注意：法国老师很不喜欢学生在课堂上睡觉）。最后一点：不要吃安眠药。可以放点浴盐泡个澡，让自己放松；或者听点轻音乐，喝点安神茶（洋甘菊、西番莲、椴花茶、缬草根应该就够了）。

▲ **睡眠准备**：我们在兴奋状态下很难马上睡着。最好晚上9点就远离手机，9点半以后就不要再面对屏幕……让别人尊重你的私人生活：把手机设置成自动回复模式，你自己晚上9点后也尽量不要打电话！

主要的错误总结起来如下：

1）把睡觉看成是浪费时间。

2）晚睡，很晚才睡（甚至很晚很晚才睡）。

3）晚上吃得太多、喝得太多，太过兴奋，听太过激烈的音乐。

4）最糟糕的是，跟男/女朋友吵架、生气……那就更需要学会放松的技巧。

5）一周不只一次参加晚间派对。

C. 学会放松

勤奋的学生经常会犯一个错误，那就是放弃一切放松的时刻。这是一个很严重的错误，我们不是不知疲倦的机器人，放松就像氧气一样重要！

Quels moments de détente ? Cela dépend de chacun : musique, lecture, promenade dans la nature, conversation entre amis, cinéma, restaurant…, ne rien faire. « À chacun son truc ! ». Il faut absolument conserver quelques moments de détente non seulement chaque semaine (par ex. un cinéma/semaine), mais par jour (un quart d'heure de yoga, de musique, de dessin…).

L'erreur la plus répandue : travailler tout un week-end sans même se promener une heure par jour.

Il faut lutter contre un éventuel sentiment de culpabilité. On ne vole pas ses parents en se reposant ! (Nous ne parlons pas de ceux/celles qui font l'inverse : détente tout le temps, et un petit moment de travail de temps en temps… !)

Dans toutes les villes de France, il y a de beaux parcs pour se promener, et, souvent la « campagne », les champs ou la forêt ne sont pas loin d'un terminus de bus.

D. Faire du sport

Comment de jeunes organismes dans la vitalité de leurs 20 ans pourraient-ils bien se porter en restant assis 10 h par jour dont 3 ou 4 devant un écran ? ! Faire du sport est donc une nécessité vitale pour avoir une vie équilibrée et réussir ses études.

Après, c'est à chacun de voir le sport qui lui convient : les sports individuels et les sports collectifs ont chacun leurs avantages et leurs inconvénients. Mais dans tous les cas, il y a une activité physique que tout le monde peut toujours pratiquer quelques soit le contexte : la marche. Un sport encadré au moins une fois par semaine, avec une vraie dépense physique qui fait transpirer et une bonne douche après. Mais aussi une demi-heure de marche entre la fin des cours et le travail personnel, voire une demi-heure de marche après le repas.

En somme, le sport, c'est très bon pour entretenir son corps, dépenser son trop plein d'énergie, et « s'aérer les neurones » (les oxygéner), et évacuer son stress. Plutôt que de prendre des remontants ou des antidépresseurs : courrez ! Toutes les universités ont un SUAPS (Service universitaire des activités physiques et sportives) qui propose une très grande variété d'activités sportives pour un prix accessible (quelques dizaines d'euros à payer en même temps que l'inscription à l'université. Mais attention : bien surveiller sur le site Internet de l'université la date des forums des sports). Autre avantage du sport : on y rencontre des gens, et en particulier des étudiants, d'autres facultés que la sienne. Cela évite de ne parler que des sujets que tu étudies toi-même, cela ouvre des horizons, et c'est détendant.

如何放松？这取决于每个人的喜好：听音乐、看看书、在大自然中散步、和朋友聊天、看电影、去餐厅……或者什么也不做。每个人都有属于自己的特定的放松方法。我们不仅每周都必须留点时间放松（比如每周看一场电影），也需要为每一天安排一定的休闲时间（做一刻钟瑜伽、听音乐、画画……）。

最常见的一个错误就是：一整个周末都用来学习，甚至不肯每天花一个小时来散步。

我们应当抵制可能的负罪感。休息并不是罪无可赦的事！（这里并不包括那些做法正好相反的人，也就是一直玩，只是偶尔才学习的人。）

在法国，所有的城市里都有景色优美、适宜散步的公园，而且，公共汽车终点站常常离乡下不远，附近会有农场或森林。

D. 多做运动

20岁左右的年轻人一天有10个小时都是坐着度过，其中3到4小时面对着屏幕，这种情况下如何能保持活力？！因此，运动成为了保持生活平衡、促进学习的根本需要。

每个人可以选择适合自己的运动：个人运动和集体运动各有优缺点。但不管怎么说，有一项体育活动是所有人在任何情况下都能进行的——步行。每周至少做一次运动，消耗体能，出出汗，然后好好洗个澡。另外，放学后自习前的那段时间，甚至吃饭后，都可以散步半小时。

总之，运动有利于强身健体，消耗多余的能量，让神经呼吸（给它们供氧），疏散紧张情绪。与其吃兴奋剂或抗抑郁的药物，不如跑起来吧！所有大学都有大学体育活动中心，它提供一系列的运动设施，价格亲民（大学注册时另付几十欧。可关注大学的网站，注意体育论坛的时间）。运动还有另外一个好处：结识新朋友，尤其是同学，包括其他学院的。这会让人避免只谈论自己所学的科目，能开阔视野，让人放松。

E. Ne pas rester isolé   >>>

Il faut faire attention au risque de se retrouver isolé. L'être humain est un être de relations sociales, et nous avons autant besoin de relations personnelles que de respirer ou de manger. Certes, un peu de solitude est nécessaire pour méditer, se retrouver, et ne pas disperser. Mais trop de solitude peut conduire à une situation d'isolement, et si une grosse difficulté survient, on peut alors tomber dans la dépression.

Bref, il faut se faire des copains et des amis !

Et pour cela, il faut faire un effort, aller vers l'autre, tendre des perches, chercher à rentrer en relation. Il n'est pas forcément difficile de demander :

« *Où vas-tu manger à midi ? Puis-je venir avec toi ?* » « *Je ne suis encore jamais allé au cinéma en France : si tu y vas, fais-moi signe.* » « *Je ne connais pas ta ville : que me conseilles-tu de visiter ?* » « *Je suis un peu perdu à la bibliothèque : peux-tu me montrer à quel endroit on peut emprunter une revue ?* » « *Je n'ai rien compris à ce cours : peux-tu m'expliquer ce qu'il a dit ?* » « *À un moment, toute la classe a éclaté de rire, mais je n'ai pas compris : de quoi s'agissait-il ?* »

Bref, il faut sortir de soi-même et faire quelques efforts pour ne pas rester seul dans son coin !

F. Ne pas fréquenter que des étudiants chinois   >>>

Un autre risque est de ne fréquenter que des étudiants chinois. Certes, être souvent avec d'autres étudiants chinois est rassurant. C'est d'abord facile : pas de difficultés de compréhension, de langage. Et puis les coutumes et les habitudes sont les mêmes : on se comprend. Souvent les goûts sont aussi les mêmes…

Mais si on veut améliorer son niveau de langue française, il faut absolument faire l'effort de parler avec d'autres étudiants : c'est parfois difficile avec les étudiants français quand on maîtrise encore mal le français. Dans ce cas, parler en français avec des étudiants d'autres nationalités (pas en anglais !). D'autre part, si l'on vient en France poursuivre ses études, ce n'est pas seulement pour acquérir un diplôme : c'est aussi pour découvrir une civilisation, comprendre une culture, apprendre à voir les choses autrement, goûter à un autre style de vie, voir comment les gens vivent avec d'autres valeurs, d'autres religions, et finalement… mieux comprendre qui on est !

Or si l'on ne fait pas l'effort de ne pas être toujours entre chinois, on risque de prendre une colocation avec des chinois, manger avec des chinois, prendre des loisirs et s'amuser entre chinois… et passer à côté de beaucoup de sources d'enrichissement possible.

Pourquoi faire tant de kilomètres si c'est pour vivre entre chinois ?

E. 避免自我孤立

要小心把自己孤立起来的风险。人类是社会动物，我们需要社交就跟需要吃饭和呼吸一样。当然，适度的独处是必要的，有利于帮助我们思考、寻找自我、保持精力不分散。但是过多独处会导致孤立，如果遇到大的困难，我们可能会陷于抑郁之中。

总而言之，应该结交一些朋友。

为此，应该努力走近他人，积极主动地结交关系。开口说出下面的话并不难："中午你去哪里吃饭？可以和你一起吗？""我在法国还没去过电影院呢，如果你去的话，就告诉我一声吧。""我不太熟悉你的城市，你建议我去参观什么呢？""我在图书馆有点迷路，你能告诉我在哪儿可以借杂志么？""这堂课我一点都没听懂，你可不可以帮我解释下他说了什么？""今天上课时，大家有一次哄堂大笑，我没跟上，当时是怎么回事呢？"

总之，要努力走出去，而不是自己一个人待在角落里！

F. 避免局限于中国学生圈子

另外一个风险就是只跟中国学生交往。的确，跟中国学生在一起会带来安全感。首先，这更容易：没有语言和理解上的问题。而且，风俗和习惯都一样，大家比较容易相互理解，通常品味、喜好也是相似的……

但是如果想提高法语水平，就必然需要与其他同学说话：如果法语说得不好，跟法国同学交流起来就很难。在这种情况下，可以和其他国家的同学交流（但别用英语！）。而且，我们来法国上学，并不仅仅是为了获得一纸文凭，也是为了了解一种文明，理解一种文化，学习用另外一种方式看待事物，品味另外一种生活方式，观察不同价值观、不同宗教信仰的人如何生活，还有最后……更好地了解我们自己！

然而，如果我们不努力走出中国人的圈子，我们就可能只与中国学生合租，与中国学生一起吃饭，同中国学生一起玩乐……因而错过很多丰富自己生活的机会。

如果是为了要和中国学生在一起，何必跑这么大老远呢？

Quand on songe à l'effort financier de nos parents pour nous payer des études en France, il n'est pas question de rater son année. Et même si ce n'était pas cher : ne pas réussir est un échec et une honte.

Or, on est loin de chez soi, loin de ses parents, de ses amis, de ses repères… et on va être évalué selon un système différent avec un gros risque : bref, tout ce qu'il faut pour générer une situation de stress.

Comment éviter d'être tellement stressé qu'on en arrive à ne plus bien dormir, à se ronger les ongles, à trop fumer, voire même à boire (de l'alcool) ou absorber des excitants ?

▲ À long terme, il faut rester ancré dans les valeurs de sa culture d'origine : confucianisme, taoïsme, bouddhisme, culte des ancêtres etc., sont là pour nous aider à mieux nous situer dans le kaléidoscope qu'est le cosmos, mieux comprendre d'où nous venons, où nous allons etc.

▲ À moyen terme, il faut une vie équilibrée (voir les points précédents), une activité sportive, des amis, du Tai Ji ou du Qi Gong, bref, ce qui vous convient. Des promenades dans la nature, des temps de calme de méditation… et des amis !

▲ À court terme, une vie régulière : assez de sommeil, ne pas veiller trop tard, pas d'horaires décalés, pas d'excès alimentaire, ne pas fumer ou fumer très peu, pas d'excitants, etc. Savoir faire de petites pauses, surtout lors des périodes de travail (et de stress) intense (révision), ouvrir la fenêtre, faire quelques mouvements de gymnastique, s'aérer, respirer à fond…

Savoir se détendre, écouter de la musique et aller au cinéma… (*cf.* les points précédents). Certaines techniques de décontraction peuvent aussi être utiles. Massage, acupuncture… la culture chinoise ne manque pas de moyens pour se détendre et réguler les énergies !

Bref, il faut ne pas trop être soucieux face à l'avenir et « rester cool » ou « rester zen » (expressions souvent utilisées en France pour dire : « garder son calme », « rester dans la sérénité »).

NB : éviter aussi le stress… communiqué par les parents. Malgré toutes leurs qualités, nos parents peuvent parfois contribuer à nous stresser… L'idéal serait qu'eux aussi soient confiants et sereins mais ce n'est pas toujours le cas. Leur désir que nous réussissions et leurs craintes d'un échec peuvent peser lourd sur nos épaules. Si c'est le cas, peut-être faut-il espacer les contacts téléphoniques pendant la période de révision et d'examens en le leur expliquant à l'avance !

思及父母为了我们在法的学业而在经济上的付出，搞砸一年的学习便显得不可接受。而且，即便学费不贵，考试不及格也是一种失败和耻辱。

然而，我们远离家乡、父母、朋友和以前熟悉的生活……而且，我们接受的评判标准也不一样，带着很大的风险：总之，一切都可能导致紧张。

如何避免紧张得睡不着、咬指甲、抽烟过度、甚至酗酒或吃兴奋剂？

▲ 从长远来说，应该扎根于自己的文化：儒释道、对祖先的敬仰等等，都可以帮我们立足于宇宙的千变万化之中，更好地理解我们来自哪里、去向何方等。

▲ 从中期来讲，应该过一种平衡的生活（请看前面几点）：做运动、结识朋友、练太极或气功……总之做一切适合你的活动。还可以在大自然里散步、花时间等等。

▲ 从短期讲，应该过有规律的生活：睡眠充足，不可熬夜到很晚、节奏混乱，不要暴饮暴食，尽可能不抽烟，远离毒品。学会不时小憩，尤其是在学习任务（及压力）繁重的时候（比如复习阶段），可以打开窗户、做点健康操、透透气、深呼吸……

学会放松，比如听音乐和去电影院（请看前面几点）。掌握一些放松的技巧也会有用。按摩、针灸……中国文化里不缺放松、调节能量的办法！

总之，不要过于担心未来，要"酷点"或者"保持禅的状态"（法国人经常使用rester zen来表达"保持安宁""保持泰然"）。

注意：避免父母带来的焦虑。尽管父母能在许多方面指导我们，他们也可能让我们紧张……他们若能够自信、从容当然最好，但情况并不总是如此。而他们对我们学业成功的期望和对我们毕不了业的担心也是一副重担。如果是这样的话，宜在进入高强度学习阶段前通知他们，复习和考试时期则少给他们打电话。

3.4 LES ACCOMPAGNEMENTS PERSONNALISES : TUTORAT ET PARRAINAGE

Un étudiant chinois (comme d'autres étudiants étrangers extra-européens) qui vient faire ses études en France peut bénéficier d'une aide spécifique sous forme de divers tutorats. Un tutorat est une aide personnalisée à un étudiant afin de répondre au plus près possible à ses besoins spécifiques (le mot vient de « tuteur » qui désigne, concrètement, le bâton droit que l'on fixe à côté d'une plante pour l'aider à s'élever. Puis le mot a revêtu aussi un sens plus abstrait d'une personne qui en aide une autre à se développer).

En effet, compte tenu de la distance linguistique et culturelle entre la France et la Chine, plusieurs initiatives visent à apporter une aide individualisée et régulière (un « tutorat ») pour faciliter l'intégration réussie de l'étudiant.

Trois types de tutorats peuvent être distingués : **le tutorat institutionnel, le tutorat associatif,** et **le tutorat individuel.**

A. Le tutorat institutionnel 〉〉〉

Il est mis en œuvre par diverses universités, comme par exemple dans le cadre du programme « PMGC », qui est une année préparatoire au Master Grenoble-Chine. En effet, le CUEF (Centre universitaire d'études du français) de l'Université Grenoble-Alpes propose ce programme : il comprend un an de cours préalables pour accéder, sous condition de réussite, au Master visé, en sciences exactes, en sciences sociales et humaines, et en lettres et langues. En particulier, à côté des cours de FLE et des Travaux Pratiques, les étudiants bénéficient d'un tutorat individuel et spécifique (jusqu'à 60 heures) par spécialité, sous la direction des responsables de Master. Cela afin de mieux préparer l'étudiant au langage et aux concepts spécifiques de sa spécialité.

Par exemple, voir le site suivant : http://www.communaute-univ-grenoble-alpes.fr/medias/fichier/prog-grenoble-chine-fr-2016-bd_1461577814166-pdf.

3.4 个性化陪伴：辅导和支持

来法国学习的中国学生同其他欧洲以外的学生一样可以获得不同形式的辅导帮助。辅导是指个性化的帮助，以最贴切的方式回应学生的需求（tutorat这个词来源于tuteur，指放在植物旁帮助它往上生长的棍子。此外，它含有一层抽象的意思，即一人给另一人提供帮助，以助其成长）。

鉴于中法之间的文化和语言差异，为帮助中国学生更好地融入，法国大学提供以下几种个性化和定期化的支持方式：**机构辅导、社团辅导**和**一对一辅导**。

A. 机构辅导

很多大学都提供这项辅导，比如格勒诺布尔–中国的预备课。事实上，格勒诺布尔–阿尔卑斯大学的法语学习中心就有这种项目：它包括一年的预备课，学生在成功通过课程考试的条件下，可以进入硕士目标专业（包括科学、人文社科和语言学）。除了对外法语和实践课，学生还可以获得硕士负责人管理下的每个专业的单独、特定的辅导（可达60个小时）。这些都是为了帮助学生提升语言水平，了解相关专业的特定概念，为攻读硕士学位做好准备。

可以参看下面的链接：http://www.communaute-univ-grenoble-alpes.fr/medias/fichier/prog-grenoble-chine-fr-2016-bd_1461577814166-pdf。

B. Le tutorat associatif   »»

Certaines associations visent aussi à aider les étudiants étrangers à mieux s'intégrer dans l'université française, par des tutorats, souvent individuels ou en petit groupe de quelques personnes.

Par exemple, l'association « CPEG » (Coup de Pouce Grenoble Étudiants) propose un accompagnement hebdomadaire, pendant une heure ou deux, des étudiants qui ont besoin d'améliorer leur français général pour mieux comprendre les cours ou mieux rédiger leurs mémoires écrits. Cet accompagnement peut aussi parfois se faire pour une aide dans la spécialité choisie (maths, physique ou chimie, droit ou économie, etc.). Voir le site : http://www.cpeg38.org/.

Une autre type d'association propice à une aide linguistique sont les associations « de réseaux d'échanges réciproques de savoirs », RERS, où chacun est tour à tour enseignant et apprenant, dans une relation de réciprocité : par ex. une personne française veut apprendre l'espagnol ou le chinois. Elle offre en contrepartie du soutien pour l'apprentissage du français. Voir le site général : https://www.rers-asso.org/. On en trouve dans la plupart des villes universitaires en France, par ex. à Grenoble : https://www.rers-asso.org/auvergne-rhone-alpes/.

C. Le tutorat individuel   »»

Il s'agit ici d'une relation amicale qui se noue entre un étudiant étranger et une personne française ou francophone (enseignant, étudiant, travailleur, femme au foyer…) désireuse d'aider cet étudiant.

Une situation fréquente et saine est une relation d'échanges linguistiques. Par exemple, les deux personnes peuvent se retrouver une ou deux fois par semaine sur le campus pour discuter ensemble – l'étudiant chinois peut alors pratiquer « en situation », de façon interactive, son français et bénéficier des corrections et conseils bienveillants de son « parrain », tandis que ce dernier peut réciproquement pratiquer son chinois avec l'aide de l'étudiant, dans une relation d'échange, qui est mutuellement profitable et qui peut donc durer.

B. 社团辅导

一些社团也提供辅导课，通常是一对一或小组课的形式，以此帮助外国学生更好地融入法国大学。

比如格勒拇指社团提供每周一到两个小时的陪伴服务，帮助那些需要提高法语水平以便更好地听课或撰写论文的学生。这种陪同也可以针对选定的专业（数学、物理、化学、法律、经济学等）。

可参见以下网站：http://www.cpeg38.org/。

知识互助交流网络是另外一种可以提供语言帮助的社团，其参与者互惠互利，相互教授语言：比如说，法国学生想学西班牙语或中文，作为交换，他会教法语。可参见主页：https://www.rers-asso.org/。法国绝大部分的大学城都能找到社团辅导的信息，比如在格勒诺布尔就有：https://www.rers-asso.org/auvergne-rhone-alpes。

C. 一对一辅导

一对一辅导是外国学生与愿意提供帮助的法国人或法语国家的人（老师、学生、社工、家庭主妇……）之间建立起的一种友好关系。

一种常见又健康的方式是建立语言交流关系。两人可以每周在校园约见一两个小时，一起讨论：中国学生可以在情境中、在互动中学习语言，得到辅导者的指正和善意的建议，而后者也可以在中国学生的帮助下练习中文，相互交流，这种关系有益于双方，因而可长久维持。

Où et comment trouver un tel partenaire ?

▲ Le plus simple est d'abord de chercher dans son groupe de travail ou de sport à l'université si un étudiant français ou francophone (Africain, Canadien, Belge, etc.) est désireux d'apprendre le chinois : dans ce cas, une aide réciproque est possible car l'étudiant français ou francophone pourra à son tour aider son partenaire à améliorer son français et à mieux comprendre le fonctionnement de la vie universitaire française.

▲ Il est ensuite possible de s'inscrire sur des sites dédiés à de tels échanges linguistiques de conversation, par exemple : http://www.echangeslinguistiques.com/members/result/Exchange-Linguistique-%C3%A0-Grenoble-France.

▲ Il est aussi possible de mettre une annonce libre sur le site internet de l'université, avec un message de « recherche pour échange de conversation », notamment sur le site de la faculté des langues étrangères ou de la Maison des Langues, où il sera plus facile de trouver des étudiants français ou francophones désireux d'apprendre le chinois.

▲ Enfin, une autre possibilité s'offre lors des contacts personnels dans une association (par ex. le « CPEG » mentionné précédemment) : les bénévoles qui viennent donner des cours de soutien en FLE ou dans une spécialité (maths, droit, etc.) sont souvent prêts à poursuivre de manière plus privée les relations personnelles, par exemple en invitant l'étudiant à « faire une ballade familiale » en montagne, ou à un repas familial, où chacun pourra découvrir ou approfondir la culture de l'autre.

如何找到这样的语伴呢？

▲ 最简单的就是在自己的班上或学校运动团队里找一个想学中文的法国学生，或其他法语地区（加拿大、比利时、非洲国家和地区等）的学生：这样的互助关系可以帮助你提高法语，更好地了解法国大学的生活。

▲ 还可以在一些专门针对语言交流的网站注册，比如：http://www.echangeslinguistiques.com/members/result/Exchange-Linguistique-%C3%A0-Grenoble-France。

▲ 还可以在大学网站上发免费的帖子，写明"寻找语言交流伙伴"，尤其是在外语学院或语言学院的网站，那里更容易找到想学中文的法国学生或法语国家的学生。

▲ 最后还可以通过社团寻找伙伴。一些志愿者提供对外法语或其他专业（数学、法律等）的补习课，他们有时也愿意使关系更进一步，比如邀请学生同家人一起到山里散步，或者到家里吃饭，在这些场合，双方都可以发掘、探索对方的文化。

3.5 SE PRÉSENTER ET RESPECTER LES RÈGLES DE LA POLITESSE

Comme en Chine, au Japon, en Inde… dans tous les pays du monde, il y a en France un ensemble de règles de politesse qui sont un élément indispensable du savoir-vivre. Ce livre ne saurait présenter l'ensemble de ces règles ! Nous nous proposons seulement d'évoquer ici quelques règles élémentaires qui peuvent être très utiles à l'étudiant qui arrive en France et ne les connaît pas encore.

• Tutoiement/vouvoiement

En France, on se tutoie entre égaux et entre proches, et on vouvoie les supérieurs et les inconnus. Donc, on va vouvoyer les enseignants, les bibliothécaires, les serveurs, les vendeurs… et toute personne à qui l'on doit le respect, en particulier toute personne plus âgée que soi… Par contre on se tutoiera entre étudiants, entre amis, dans la famille… On tutoie aussi les enfants.

• Tenue vestimentaire

En France, la tolérance vestimentaire est assez grande : il y a peu de contraintes en la matière. Il n'y a pas d'uniformes à l'université, et l'on peut s'y habiller comme on le désire à condition d'éviter :

▲ Les tenues trop négligées, « dépenaillées » ;
▲ Les tenues trop osées, provocantes (décolleté trop profond, jupe trop courte…) ;
▲ Les visages trop maquillés ;
▲ Le port de costume cravate (pour les garçons) ou du tailleur (pour les filles) est réservé aux mariages, aux enterrements, à une soutenance de thèse… bref aux très grandes occasions. Il n'est donc pas nécessaire de « se mettre sur son 31 » le jour où l'on fait un exposé lors d'une séance de travaux dirigés, ou si l'on passe un examen oral. Mais encore une fois, pas de tenue trop négligée ni provocante.

3.5 自我介绍及礼貌规范

正如在中国、日本、印度以及世界上所有其他国家一样，法国也有一套礼貌规范，它们是为人处世的基本要素。本书无法穷尽所有的规范，仅在此处列举一些基本的规范，它们对刚到法国且对这些规范不太熟悉的学生会有用处。

• 用"你""您"相称

在法国，同级及亲人之间用"你"相称，上下级及陌生人之间用"您"相称。因此，我们用"您"称呼老师、图书管理员、服务员、售货员以及所有我们应表示尊重的人，尤其是比自己年长的人。而在学生之间、朋友之间和家人之间我们则用"你"相称，对孩子也称"你"。

• 着装

在法国，人们对着装的要求是很宽松的：很少有相关的限制。学校里没有校服，基本上是想怎么穿就怎么穿，但是要避免以下几点：

- ▲ 太过随意的服装，"衣衫褴褛"；
- ▲ 太过暴露、大胆的服装（胸口开得太低，裙子过短……）；
- ▲ 妆容过浓；
- ▲ 西装领带或套装只用于婚礼、葬礼或论文答辩等正式场合。因此，在上课做演讲或参与小组指导课时不需要盛装出席。同理，也不能穿得太过邋遢或暴露。

• Comportement

Éviter absolument :

▲ De mâchouiller un chewing-gum quand vous parlez à quelqu'un ou quand quelqu'un vous parle ;

▲ De mâcher la bouche ouverte (on mâche la bouche fermée) ;

▲ De bâiller sans mettre la main devant votre bouche ;

▲ De parler trop fort, en particulier dans les lieux publics (tram…) ;

▲ De fumer dans un lieu public (c'est interdit) ou dans un lieu privé (possible si vous avez l'accord explicite des occupants) ;

▲ De garder des écouteurs dans les oreilles pendant les cours.

• Règles de politesse

▲ On dit « bonjour » ou « salut » ou « bonsoir » à quelqu'un que l'on voit pour la première fois de la journée, et « bonjour Madame (Mademoiselle ou Monsieur) », si c'est quelqu'un que l'on doit vouvoyer (à qui l'on doit le respect).

▲ On s'efface (=on laisse passer devant, on laisse entrer le premier) devant les personnes que l'on doit vouvoyer, les messieurs s'effacent devant les dames (c'est-à-dire que les femmes – quelques soit leur âge rentrent les premières dans l'ascenseur, ou passent les premières une porte). C'est la galanterie française.

▲ On remercie chaque fois que quelqu'un vous a rendu service, ou tout simplement a tenu compte de vous. Par exemple, si un monsieur laisse passer une dame devant lui pour entrer dans l'ascenseur, elle lui dira « merci ».

• 举止

一定要避免：

▲ 一边嚼口香糖一边跟别人说话；

▲ 吃东西吧唧嘴；

▲ 打呵欠时不蒙上嘴巴；

▲ 大声讲话，尤其是在公共场合（如有轨电车上）；

▲ 在禁止吸烟的公共场合或私人场所（除非获得主人的明确同意）吸烟；

▲ 上课时戴着耳机。

• 礼貌规范

▲ 一天中第一次见一个人的时候，要说"早上好"、"你好"或"晚上好"，对那些我们需要用"您"称呼的人，则要说"您好，夫人（女士或先生）"。

▲ 要让那些我们用"您"称呼的人先行，男士（在乘坐电梯、出入门口时）礼让女士（无论其年龄），这属于法式殷勤。

▲ 如果有人给你提供帮助，或是关照了你，那么你应该向对方表达谢意。比如一位男士让女士先进入电梯，女士会对他说"谢谢"。

Bibliographie sélective/ 参考文献

Ouvrages/ 图书

ABBADIE Christian, CHOVELON Bernadette et MORSEL Marie-Hélène, *L'Expression française écrite et orale*, Grenoble, PUG, 1997, 197 p.

ABBADIE Christian, CHOVELON Bernadette et MORSEL Marie-Hélène, *L'Expression française écrite et orale. Corrigés*, Grenoble, PUG, 1995, 50 p.

ABRY Dominique et CHALARON Marie-Laure, *La Grammaire des premiers temps*, Vol. 2, coll. Grammaire (FLE), Grenoble, PUG, 2009, 263 p.

ARONEANU Pierre, *L'Amiral des mots*, Les Amis de l'Arbre à Livres, 39 p.

CISLARU Georgeta, CLAUDEL Chantal et VLAD Monica, *L'Écrit universitaire en pratique*, Bruxelles, De Boeck, 2011, 208 p.

COLIGNON J.-P. et BERTHIER P.-V., *Pièges du langage, barbarismes, solécismes, contresens, pléonasmes*, Paris, Duculot, 1978, 92 p.

DUMAREST Danièle et MORSEL Marie-Hélène, *Le Chemin des mots*, coll. Vocabulaire et expression (FLE), Grenoble, PUG, 2004, 184 p.

DUMAREST Danièle et MORSEL Marie-Hélène, « *Le Chemin des mots. Corrigés*, coll. Vocabulaire et expression (FLE), Grenoble, PUG, 2013, 96 p.

DUNETON Claude, *La Puce à l'oreille – Anthologie des expressions populaires avec leur origine*, Paris, Le Livre de Poche, 1990, 506 p.

FINTZ Claude (Dir.), *La Didactique du français dans l'enseignement supérieur : Bricolage ou rénovation ?*, Paris, L'Harmattan, 1998, 384 p.

GODIVEAU Roland, *1000 difficultés courantes du français parlé*, coll. Entre guillemets, Paris, Duculot, 1998, 115 p.

JULAUD Jean-Joseph , *Le Petit Livre du français correct*, First Editions, 2002, 160 p.

MORSEL Marie-Hélène, RICHOU Claude et DESCOTES-GENON Christiane, *L'Exercicier*, coll. Grammaire (FLE), Grenoble, PUG, 2010, 352 p.

MORSEL Marie-Hélène, RICHOU Claude et DESCOTES-GENON Christiane, *L'Exercicier. Corrigés*, coll. Grammaire (FLE), Grenoble, PUG, 2006, 144 p.

THEVENIN A., *Le Français, les mots voyageurs*, Paris, Epigones, 1986.

WALTER Henriette, *L'Aventure des mots français venus d'ailleurs*, Paris, Robert Laffont, 2014, 350 p.

WEIL Sylvie et RAMEAU Louise, *Trésor des expressions françaises*, coll. Le français retrouvé, Paris, Belin, 1981, 424 p.

Articles de revues/ 杂志文章

Anonyme, « Vocabulaire économique et financier », *Problèmes économiques*, n°2675, du 2 août 2000.

BOBASH Michaëla, « Les logiciels orthographiques à l'épreuve de la correction », *Le Monde* du 23/24 Novembre 1997.

BRULLAND Isabelle, MOULIN Christine, « Y faux camp m'aime fer attends scions », in le dossier « Orthographe », n°440 des *Cahiers Pédagogiques*, disponible en ligne : http://www.cahiers-pedagogiques.com/spip.php?article2167.

KAPP Bernard, « Goûtez aux charmes de l'euphémisme », *L'Entreprise*, n°164, mai 1999, p. 214.

PAILLARD J.-F., « Parlez-vous managérialement correct ? », *L'Entreprise*, n°134/ 135, Décembre 96, p. 170.